「萌える！モンスター事典 陸の巻」モンスターMAP

創作のモンスター
- スライム……16
- トレント……20
- ミミック……24
- サンドワーム……26
- マタンゴ……28
- ドッペルゲンガー……32
- フランケンシュタイン・モンスター……34
- バルログ……36
- ローパー……38
- リッチ……40

その他地域のモンスター
- ゴブリン・コボルト・オーク……106
- オーガ……110
- ガーゴイル……112
- ドラゴン……114
- ワーウルフ……116
- ハッグ……120
- インプ……122
- キキーモラ……124
- パラケルススの四大精霊……126

博物誌のモンスター
- ユニコーン……88
- マンドレイク&アルラウネ……92
- マンティコア……96
- バジリスク&コカトリス……98
- ジャイアント・センチピード……102

北欧のモンスター
- ダークエルフ……78
- トロール……82
- フェンリル……84

ギリシャのモンスター
- ケルベロス……62
- キマイラ……64
- サイクロプス……66
- ミノタウロス……68
- ケンタウロス……70
- アラクネ……72
- スパルトイ……74

中東のモンスター
- グール……44
- ゴーレム……46
- イフリート……50
- フンババ……54
- アルミラージ……56
- アポカリプス・ビースト……58

案内役のご紹介！

読者のみなさんをモンスターの世界に招待する、案内役たちをご紹介！

ペスカ、ゴーレムは発見シタ。ターゲットのオオカミ族。いますぐ降りテ、本を取り返すことが推奨されル。

了解、ありがとゴーレム！ ちょっとそこのオオカミさん、とまってー！さっきわたしの本取っていったでしょ！ あれはおばあちゃんからもらったすごく大事な本なの。いますぐ返して！

おー、さっきの本かあ、あれおもしろいよなあ！あの本が要るのか？ あー悪い、あんまりおもしろかったんで、ちょっと前に仲間のモンスターに貸しちゃったんだよ。いまごろ誰が持ってるかな……。

えぇ～っ!? なにそれ～！

もうっ！
おばあちゃんが必死で
託してくれた古文書を、
勝手にひとに貸しちゃうなんて
ありえないよっ！
旅のはじめからいきなり
つまづくなんて、
ついてないなあ。
とにかくさっさと古文書を
取り返さなきゃっ！

ペスカ

故郷の村をオーガに襲われた女の子。一人前のビーストテイマーになるため、どこかで見たような古文書の記述にしたがって、3体のしもべを見つけるために旅に出た……はずだったのだが、そもそもその古文書が行方不明になってしまった！

手には鞭、心に勇気、腰にはピーチ印のきびだんご。新人ビーストテイマー、ペスカの冒険のはじまりだ！

> お婆さんの本がなイ、とても困ル。
> ペスカのこれからのために
> どうしても必要なモノ。
> 事態の原因であるフェンリルに、
> 本格的な捜索を要求スル。

ゴーレム

　ペスカのお供として付き従っている石の巨人。見た目どおりに力持ちのうえ、とても物知り。話し口調からは一見感情などないようにも見えるが、鬼(オーガ)退治ののぼりを自作するなど意外とお茶目だったりもする。おでこの文字はデリケートゾーンなのでさわっちゃ駄目。

> あー、あの本
> そんなに大事なものだったのか〜。
> そうならそうと
> 言ってくれりゃあいいのに。
> あ、中身はワリ　むしろかったげ！
> いまごろどこに行ってるのかな〜、
> あの本？

フェンリル

　北欧の世界からやってきた氷狼族の女の子。好奇心旺盛であっちこっち駆け回っていて、モンスターの世界ではわりと顔の広い人気者である。
　戦ってもとても強いのだが、いまいち逆境に弱いのが玉にきず。

> わかったわかった、そうニラむなって。
> さっき貸したやつのところに行って、いま誰が本を持ってるのか聞いてくるからさ。
> それで見つけて返せばいいだろ？

> 本が戻ってくるまで黙って寝てるなんて、できるわけないじゃん！
> 私とゴーレムも一緒に行くよ！　セキニンもって、ちゃ〜んと案内してよね！

はじめに

　剣と魔法の世界で、仲間とともに魔王を倒し、世界に平和を取り戻す。こんな内容の物語を楽しんだ人は多いのではないでしょうか。
　子供のころは、なによりも主人公である勇者たちの戦いに心を躍らせていても、年月を重ねるにつれて、敵役である「モンスター」のほうに興味がわいてはこなかったでしょうか？

　ある者は力強く、ある者は狡猾に。主人公たちの冒険の障害として倒されていった個性的なモンスターたち。
「あのとき僕たちの前に立ちふさがったモンスターは、何者だったんだろう？」
　この「萌える！モンスター事典」は、そんな素朴な疑問に答え、ファンタジー作品に登場する有名なモンスターを余さず紹介することを目標に編集された、全3部作のシリーズです。
　第1作となる本書では、山や森、平原にダンジョンなど、地上で活動するモンスターを紹介。これまでモンスターそのものにあまり注目していなかった人でもなじみがある有名モンスターの本当の姿を、わかりやすい文章で解説します。「萌える！シリーズ」の魅力であるイラストは、モンスターの特徴を元に担当作家がアレンジを加えて美少女として描いた大判イラストと、モンスターの本来の姿をできるだけ忠実に再現したミニイラストの二本立て。モンスターの魅力をふたつの視点から楽しむことができます。

　巻末のモノクロパートでは、古来より存在するモンスターが現在の姿になるまでをまとめた解説と、大量79体の「陸のモンスター」を紹介する小事典を掲載。小事典では全モンスターをイラスト付きで紹介し、本書のモンスターイラストは合計159枚という大規模なものになりました。
　この「萌える！モンスター事典 陸の巻」で、無限に広がるモンスターの世界への第一歩を踏み出しましょう！

凡例と注意点

凡例
　本文内で特殊なカッコが使われている場合、以下のような意味を持ちます。
・「　」……原典となっている資料の名前
・《　》……原典を解説している資料の名前

モンスターなどの固有名詞について
　固有名詞について複数の表記法がある場合、もっとも有名で通りのよい表記法を使用します。そのためモンスターの名前などが、みなさんの知っている名前とは別の表記法で紹介されていることがあります。

この本の読み方

ゴーレムは考えタ。これから会いに行くモンスターのことガよくわかるようニ、モンスターの基本データをまとめて表示すル。
これでペスカ、安心してモンスターと会えル。

データ欄の見方

スライム

生息地：ダンジョン　別名：ウーズ、オーカー・ジェリー、ブロブなど　出典：RPG「Dungeons & Dragons」（1974年アメリカ）

イラスト
モンスターの外見的特徴をできるだけ忠実に再現したイラストです。

モンスター名
モンスターのもっとも一般的な呼び名です。

モンスターデータ
モンスターの特徴を説明する各種データです。

生息地：モンスターが活動する場所、またはモンスターの伝承地です。
別名：モンスターに複数の呼び名がある場合、ここに表示します。
出典：そのモンスターを紹介した主要な資料名です。

うわぁ！　全部のモンスターに、女の子イラストとリアルなイラストが両方ついてるんだ。
すっごい豪華だね！

カラーページだけでモンスターが40組47体いるから、いろんなモンスターの姿がフルカラーで見られるぜ。
アタシとか、そこのゴーレムさんのイラストもあるんだってさ！

はじめに読もう！
モンスターって何？

ペスカ、これから多くのモンスターに会いに行ク。その前に「モンスター」とは何者なのかについテ、おさらいしておく必要があるとゴーレムは判断すル。

おっけー！　もちろんだよ！
おばあちゃんの古文書が見つかったら、すぐに"しもべ"を見つけなきゃいけないしね。
せっかくだからここで1匹目もゲットしちゃおう！

こらー！　"匹"でかぞえるな、匹でー！

"Monster"の語源

英語の"Monster"の語源は、約2000年前にさかのぼります。それは古代ローマ帝国の公用語だったラテン語の単語"monere"（モネーレ）です。この単語には「警告、忠告」という意味があります。

古代ローマには、奇怪な生物の登場は「神々から人間への警告」だという思想があります。このため怪物のことを"monere"の変形である"monstrum"（モンストゥルム）という単語であらわすようになりました。Monsterとは、この"monstrum"の英語訳なのです。

モンスターって言葉は、日本語の「怪物」とかとだいたい同じ意味なんだって。それにしても変な語源だね！

"Monster"という英語のできるまで

ラテン語
monere
……「警告する」の意味

↓

ラテン語
monstrum
……神からの警告として出現したもの

↓

ラテン語
monstrum
……（神から送り込まれた）**怪物**

↓

英語
Monster
……怪物

10

この本での「モンスター」とは?

　一般的に、Monsterとは「実在生物とは違った外見や生態をもつ架空の生物」や、「人間に恐怖を与える化け物」の総称で、日本語の「化け物」「怪物」と似たような意味で使われる、広い意味を持つ言葉です。本書では、そのなかでも特に、以下のような特徴を持つものをモンスターとして紹介します。

「モンスター事典」に収録するモンスター

- ●人間に恐怖や危機をもたらす
- ●単なる現象ではなく一個の存在である
- ●なんらかの異常な特徴を持つ
  - ①現実に存在しない外見の動植物
    - ・複数の動物を組み合わせた外見
    - ・多すぎる、少なすぎる身体部位
  - ②自然な動物が持ちえない能力
  - ③本来動くはずのない存在が動いている

モンスターって、ほんとはもっと広い意味の言葉らしいんだけど、会える人数には限りがあるからな。なるべくモンスターらしい、人間の前に立ちふさがる敵！　って感じのやつに絞って紹介するぜ。

「陸の巻」で収録するモンスターは？

「萌える！モンスター事典 陸の巻」では、山とか草原、森やダンジョン……つまりは地上と地下で活動するモンスターを紹介してるんだ。みんなが知ってるモンスターがたくさんいるはずだよ！

このモンスターたちの出所は？
12ページでチェック！

11

陸!のモンスターはここにいる!

ねえゴーレム、これからフェンリルが会わせてくれるモンスターって、みんなヨーロッパとか中東で生まれたモンスターなんだって。どうして？
遠い東の国、中国や日本にもモンスターっているはずじゃない？

理由ハ、わたしたちの知っているファンタジーのモンスター文化ハ、ヨーロッパでできたかラ。これから会うモンスターハ、みな下にあげる一連の流れから生まれてきタ。ペスカも知っておくベキ。

欧州・中東の神話

ユーラシア大陸の西端、すなわちヨーロッパの文明は、中東のメソポタミア文明の影響を強く受けています。このメソポタミア文明の神話群にモンスターが登場すると、ヨーロッパでも神々に倒される敵として多くのモンスターが創造され、後世にも広く知られるようになりました。

▶ **p43 中東のモンスター**
▶ **p61 ギリシャのモンスター**
▶ **p77 北欧のモンスター**

動物とモンスターの区別

『博物誌』

神話が「実際にいた存在」として強大なモンスターを語る一方で、あくまで実在する生物を研究する学問が生まれます。しかし黎明期の生物学では、情報の不足から、現代人からはモンスターにしか見えないような動物が実在の生物として語られていました。

▶ **p87 博物誌のモンスター**

叙事詩、民間伝承

神々や、神の血を引く英雄ではなく、生身の人間が倒すべき敵として生み出されたモンスターたちです。彼らは娯楽作品の敵役であり、強く偉大な者だけでなく「キャラクター性」を有するモンスターが徐々に増加しています。

p105　その他地域のモンスター

スケールダウン

民間に普及　　　　　引用

近現代の創作

モンスターの実在が否定された現在では、モンスターは完全に空想上の存在となり、小説、映画、ゲームなど多くのメディアで、作品をおもしろくし、読者や視聴者に驚きを与えるためのオリジナルのモンスターが創造されました。

p15　創作のモンスター

引用

引用

へぇ〜、どこ出身のモンスターかで、モンスターそのものの性質も違ったりするのか。そういえばこれから最初に会いに行くモンスターも、格好が人間とかフツーの動物とはぜんぜん違うなあ。

ソウ。ゴーレム、それを知ってもらいたかっタ。
モンスターの変化の歴史、知りたければ129ページからくわしく解説スル。
まずは本の貸し主さんのところニ、案内してくださイ。

15ページより、モンスター事典スタート！

13

「萌える！モンスター事典 陸の巻」目次

案内役のご紹介！……6
はじめに……8
この本の読み方……9
はじめに読もう！ モンスターって何？……10

創作のモンスター……15
中東のモンスター……43
ギリシャのモンスター……61
北欧のモンスター……77
博物誌のモンスター……87
その他地域のモンスター……105

ものしりゴーレムのモンスター講座……129
ものしりゴーレムのモンスターはじめて講座……130
僕らの知ってるモンスターはどこから来たの？……132

陸のモンスター小事典……145

Column

『Dungeons & Dragons』とは？……19
ファンタジーの父、トールキン……31
ターン・アンデッド……42
現実のモンスター「ギュスターヴ」……53
メソポタミア神話の"随獣"……60
ギリシャのゴーレム「タロス」……76
ファンタジーの"亜人種"……81
北欧神話のモンスター……86
人食い花ラフレシア……104
TRPGで遊ぼう！……109
まだまだいるぞ！ 世界のモンスター……119
モンスターの棲み家探訪：「ダンジョン」……178

創作のモンスター
Monsters in fiction

この章で紹介するのは、19世紀以降、
近現代の創作作品で広く知られることになった、
新しいモンスターたちです。
現代の創作において、
作品の看板モンスターになっていることも多く、
有名で独特の能力を持つモンスターたちがそろっています。

スライム

illustrated by 湖湘七巳

生息地：ダンジョン　別名：ウーズ、オーカー・ジェリー、ブロブ など　出典：RPG『Dungeons & Dragons』(1974年アメリカ)

現代生まれのぷにぷにモンスター

　英単語の「スライム（Slime）」とは、おおざっぱに言うと、ドロドロぬるぬるとしたもの全般を指す言葉である。例えば廃水管の中にたまるヌルヌルした垢のようなものも、英語ではスライムと読んでいる。

　日本で「スライム」といえば、モンスターの名前として有名だ。多くの人が最初にイメージするのは、おそらくRPG『ドラゴンクエスト』シリーズに登場する、半透明で涙滴型の外見を持つモンスターであろう。このスライムは基本的に柔らかい体で突進してくる以外に能のない、非常に弱いモンスターとして描かれているが、それ以前のスライムは決して弱いモンスターではなく、どれほど経験を積んだ強力な英雄であっても、ふとした拍子に命を奪われかねない危険なモンスターなのだ。

『Dungeons & Dragons』のスライムたち

　1974年に登場したアメリカのテーブルゲーム『Dungeons & Dragons』では、現代のスライムの原型となった「グリーン・スライム」というモンスターが登場した。これは地下迷宮ダンジョンに住む雑食の怪物で、外見がまるで汚水や壁の汚れのように見えるため、ひと目でモンスターだと気づくのは難しい。そして油断している敵に突然襲いかかり、その体を自分のゼリー状の体のなかに取り込んで窒息させ、そのままじっくりと消化してしまうのである。いかに強力な英雄といえど、息ができなければ、まともに戦えるわけがない。

　モンスターと罠の要素を兼ね備えたグリーン・スライムは人気のある怪物となり、より強力な灰色の「グレイウーズ」、赤い「オーカー・ゼリー」、黒い「ブラック・プディング」（プディングはプリンのこと）などのバリエーションが誕生した。さらにユニークなところでは、完全に無色透明なスライムが部屋全体を満たしているという「ゼラチナス・キューブ」というモンスターも登場した。このモンスターは完全に透明なので見た目では「そこにスライムがいる」ことはわからない。部屋に踏み込もうとした人間は、自分からスライムの体内に飛び込んでしまうわけだ。部屋に入る前に注意深く見れば、ゼラチナス・キューブがまだ消化し切れていない、前の犠牲者の装備品などが"空中に浮いている（キュー

ブの体内に浮いているのだ)" ため、モンスターの存在に気づくことができるだろう。

　スライムは『Dungeons & Dragons』に影響を受けた多くのゲームに、原典どおりの手強いモンスターとして登場したが、日本では1984年の『ドルアーガの塔』や、1986年『ドラゴンクエスト』で、前述したとおりもっとも弱いモンスターとして登場した影響で、スライムは強敵だという事実はあまり知られていない。

スライム誕生はアメーバから

　スライムのイメージのもとになったのは、アメーバや粘菌などの微生物たちである。我々が理科の授業でも習った「ゾウリムシ」のような単細胞生物は、細胞の外側に出ている細かい毛「繊毛」や、長くて少ない本数の毛「鞭毛」を使って移動すると考えられていたが、18世紀、細胞そのものをうねうねと変形させながら這い回るユニークな微小生物が発見され、19世紀に生物学者ボリ・ド・セントヴィンセントによって、ギリシャ語で「変容」を意味するアメーバと名付けられたのだ。

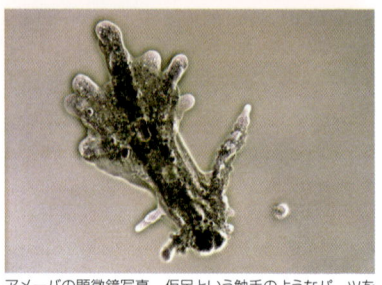
アメーバの顕微鏡写真。仮足という触手のようなパーツを作って移動している。撮影者：Cymothoa exigua

　このアメーバにヒントを得たのが、「クトゥルフ神話」の生みの親であるH・P・ラヴクラフトの作品『狂気の山脈にて』（1936年）に登場するショゴスである。ショゴスは、本作に登場する超古代種族「古のもの（エルダー・シングス）」が、バイオ技術で生み出した漆黒の不定形生物だ。普段はテレパシーで主人と交信するが、口や発声器官を生み出して「テケリ・リ、テケリ・リ」と小鳥が歌うように発声することもできる。このフレーズを聞いたことがある人も多いだろう。

　ショゴスは身体が不定形なため弱点が少なく、物理的な攻撃ではほとんどダメージを受けない。創造者の奴隷として働き、必要に応じて肉体を変化させ、触手や道具を作り出し労働する。作中では南極に巨大都市を建築したり、5m以上の球体に変化して転がり高速移動する場面が見られた。

　1958年には、アメリカのSF映画『巨大アメーバの恐怖』（原題：The Blob）で、謎の隕石から出現した不定形生物「ブロブ」が、周辺のものを食べ尽くしながら肥大化していくという、巨大な不定形生物の恐怖が見事に表現された。

　これらの作品で育まれた不定形生物への恐怖がモンスターという形で結実し、『Dungeons & Dragons』にも、古い神話伝承には存在しなかったスライムというモンスターが登場。こうしてスライムは現代ファンタジー作品における定番モンスターに成長したのである。

『D&D』のスライムって、剣で切っても棒で殴ってもほとんど効かないけど、色にあわせて炎や電気とかで攻撃すれば倒せるんだって。
なんかパズルみたーい！

『Dungeons & Dragons』とは?

なあ、なんか『Dungeons & Dragons』って名前がずいぶんたくさん出てくるよな? あれってゲームの名前なんだろ。なんでモンスターの話を聞きに来てるのに、ゲームがでしゃばってくるんだよ。

それハ、現代のモンスターを語るときニ、『Dungeons & Dragons』の影響を無視することができないくらイ、『D&D』が大事なゲームだからでス。

へぇ~、ゴーレムがそこまで言うなんて。
どんなゲームなのそれ? ちょっと教えて! お願い!

『Dungeons & Dragons』(以下『D&D』)とは、剣と魔法のファンタジー世界を舞台に、剣士や魔法使いたちをあやつって、モンスターと戦い、ダンジョンを制覇するゲームだ。このゲームは、複数のプレイヤーが自分の分身となる戦士や魔法使いなど1人だけのキャラクターをあやつり、別のプレイヤーがあやつるキャラクターと協力して冒険を進めていくのが特徴である。彼らの目の前には、ゲームの進行管理役「ゲームマスター」が、冒険の内容にあわせたさまざまなモンスターを繰り出してくる。例えばスライム(➡p16)のような、本書で紹介している『D&D』のモンスターは、この『D&D』で敵役として使うために、データや生物としての特徴を創作されたものなのだ。

どのくらいのモンスターがいるの?

『D&D』は、1974年に初版が発売されて以来、100冊を優に超える追加ルールブックが発売され、そのたびに新しいモンスターが追加されてきた。そのため全貌を把握することは難しいが、数百から1000種類ほどのモンスターが紹介されていることは間違いないだろう。

本書でも紹介しているゴブリンやコボルドなど、『D&D』でもっともポピュラーなモンスターは、従来のファンタジー作品や神話伝承に源流を持つものだが、あとから新しく追加されたモンスターはゲームのオリジナルであることが多く、現在ではむしろ『D&D』オリジナルのモンスターのほうが多いという状況になっている。

うわ~、そんなにたくさんいるのかよ!?
最近、見たことがないモンスターがずいぶん増えたとは思ってたけどさ、あれみんなゲームで生まれたモンスターだったのかよ。

そのとおりでス。『Dungeons & Dragons』はただのゲームではありませン。現代のアニメや漫画、小説などに登場するモンスターのなかにハ、『D&D』のオリジナルモンスターや、『D&D』で有名になったモンスターが多いのでス。

なるほどね、モンスターにとってそんなに大事な作品なら、ビーストテイマーを目指すわたしが知らないってわけにはいかないね!
うん! ゴーレム、『D&D』のこともたくさん教えてよ!

トレント

生息地：中つ国　別名：オノドリム、エント　出典：『指輪物語』『シルマリルの物語』『Dungeons & Dragons』

うごくよ！ トレントの森

　現代でも「植物には心がある」とする主張があるが、ファンタジー世界の樹木は心があるどころか、言葉を話し、根っこを足のように動かして歩くこともできる。このような意志を持ち動く樹木のことを、創作の世界ではよく「トレント」という名前で呼んでいる。

　トレントとはRPG『Dungeons & Dragons』でつけられた略称で、正式には「トゥリー・エント」、すなわち「樹のエント」という意味だ。エントとは、現代ファンタジーの父として知られる、イギリスの小説家J.R.R.トールキンの代表作『指輪物語』に登場する、木に似た種族、あるいは意識を持って動く樹木の種族である（エントがどちらであるか、物語中では明確にされていない）。

　小説『指輪物語』では、エントは自分で動いて会話もすることができる善良な知的種族である。しかし寿命が恐ろしく長いため、人間とは感性が大きく異なり、会話がかみあわないこともしばしばある。基本的には穏やかで争いごとを好まず、思慮深いが、彼らは樹木を守る森の番人であるため、山火事を引き起こす「火」を使う種族に根本的な不信感を抱いている。森や木々を傷つける存在に対して容赦しないことは言うまでもないだろう。また善良ではあるが友好的ではなく、むしろいろいろなことに関して不干渉中立の立場を取りたがる。

　物語に登場するエントは男性の老人のような人格を持っている。実際エントは男性ばかりの種族なのだ。かつてエントには女性もいたのだが、女性のエントは農業や園芸に興味を持って、自然のまま暮らすエントの森を離れていってしまった。このためエント族は子供が作れず、遠からぬ将来滅ぶ運命にある。

　『D&D』以降の創作作品に登場するトレントも、意志を持った大木として描写されることが多い。トレントの特殊能力として、ほかの木々（それは本来意志を持たないと考えられている普通の草木であったりする）を意のままにあやつれることがほとんどである。また、木々の精霊（ニンフ）などの長老的存在として描写されることもしばしば。敵対者や単なる障害物モンスターとして登場することも珍しくはないが、ストーリー上重要な情報やアドバイスをくれる賢者のような役割をすることも多い。同様な役割をする木の精霊にドライアド（➡p166）がいるが、たいていの場合ドライアドは女性の姿をしている。

トールキン世界のエントとフオルン

　エントは、トールキン作品の舞台である「中つ国(ミドルアース)」の神話時代に、大気と風の管理者であるマンウェという存在に生み出された。エントに与えられた役割は、樹木が人間をはじめとする諸種族に無分別に浪費されることのないよう、森を守り育てることである。

　エントは外界で起こっている戦争などにはまったく興味がない。ただし自分たちエントや樹木の種の存亡に関わるほどの危機であれば、その何よりも重い腰をあげて事態に対処することがある。

　小説『指輪物語』では、魔法使いガンダルフの説得を受け入れたエントたちが、悪の魔法使いサルマンとの戦闘に参加することを決定し、自分たちの下位種族であるフオルンという種族を戦場に送り込んだ。このフオルンとは動く森、およびその森を構成する木々のことである。彼らはエントが発する言葉を理解して行動することができるため、エントは彼らのことをただの樹木と区別してこの名で呼んでいる。

　フオルンは気性が荒く、戦闘に長けた種族である。彼らが移動するときには森の周囲に闇が生まれ、森が動いているという事実が簡単にはわからないようになっている。映画『ロード・オブ・リング』では、悪の軍勢に攻め込んだフオルンたちが、敵の兵隊であるオーク（➡p108）などの人型種族を根で蹴り飛ばし、踏みつけ、枝で殴り飛ばすという迫力の戦闘シーンが描写された。

『D&D』の植物型モンスター

　トレントやエントは根を動かして自力で移動できる種族だが、多くの植物型モンスターは、たいていの場合自力で移動する能力を持たず、普通の植物にまぎれて獲物が近づくのを待ち構えることが多い。しかし一部には、トレントと同じように移動能力を持ち、自分から獲物に近づくものもいる。

　その一例であるシャンブリング・マウンド（さまよい歩く盛り土）は『Dungeons & Dragons』に登場する植物型モンスターである。ひと目見ただけだと盛り土、あるいは枯れ葉と枯れ草がうずたかく盛られた枯れ葉溜まりにしか見えないのだが、その正体は近づく動物を捕らえ、食べてしまう植物のモンスターである。彼らはツタをのばして犠牲者の体を捕らえ、体内に取り込むと、その体に根を突き刺して、時間をかけて養分を奪い取ってしまう。

　『Dungeons & Dragons』には、ほかにもいくつか植物型の怪物が出てくる。バトルブライアー（戦う茨）は兵器として特別に栽培された動ける植物だ。茨の壁に偽装され、妖精郷との境目にある土地を守っている。ヴァイン・ホラー（ツタの怪物）は、一見人型をしているが、実体はツタでできており、ほどけることによって狭い隙間に入り込むことができる。この能力を使って、獲物を待ち伏せするのだ。

> エントみたいな意志のある樹木って、イギリスとかアイルランドとかに住んでた、ケルト人ってのの宗教「ドルイド教」を参考にしてるらしい。そういえばエントを作ったトールキンさんって、イギリス人だったな。

ミミック

生息地：ダンジョン内部　別名：ー　出典：『Monster manual』
（1977年アメリカ）

お宝かと思った？　残念、モンスターでした!

　ダンジョンを探索するゲームの主人公たちは、迷宮の奥深くに眠るお宝をもとめて危険に身を投じることが多い。しかし迷宮の謎を突破し、モンスターを倒して宝箱を見つけても油断してはいけない。「その宝箱自体がモンスターかもしれない」のだから。ミミックとは、宝箱の姿で人間を待ち伏せするモンスターである。

　ミミックとはもともと生物学の用語で、体の色や形を変えて自然のなかに隠れる「擬態」のことである。つまるところファンタジー作品のミミックとは、宝箱に「擬態」する生物のことなのだ。

　正体をあらわしたあとのミミックは、宝箱の蓋と箱本体のあわせの部分に鋭い歯が生えてかみついてきたり、これとは別に腕が生えるなどして人間に襲いかかってくる。また、宝の部屋の扉に擬態するタイプのミミックもいる。

　ファンタジー作品などではおなじみのモンスターだが、ミミックの起源は意外に新しい。ヨーロッパの伝承には類似の怪物はほとんど見られず、中国やイスラムの民話では、人間の魔法使いが物品に化ける話が多くあるが、正体はあくまで魔法使いであってモンスターではないのである。

　ダンジョンの奥深くで宝箱に化けるミミックをはじめて紹介したのは、アメリカのRPG『Dungeons & Dragons』のシリーズ第2弾、『Advanced Dungeons & Dragons』の追加資料『Monster manual』である。設定によれば、ミミックは何にでも姿を変えられる不定形の生物で、宝箱のほかにも、ドア、石像などに変身する。そして不用意な人間がミミックに触れると正体をあらわし、恐ろしい速さでその人間に襲いかかる。

　ミミックが宝箱に変身する理由は非常にシンプルで、そのほうが侵入者をおびきよせるのに都合がいいからだ。なかには宝箱に限らず、地面に落ちている物体なら何にでも化けるミミックが登場する作品もある。

1997年のアメリカ映画『ミミック』ハ、遠目からはコートを羽織った人間に見える、知性の高いゴキブリを扱う作品。彼らハ宝箱ではなク、人間にミミック（擬態）していル。

illustrated by 木五倍子

生息地：砂漠　別名：シャイ・フルド　出典：『デューン／砂の惑星』
（著：フランク・ハーバート　1965年）

砂の中からバァと出た！

　一面に砂しか見えない広大な砂漠に、突然巨大なモンスターがあらわれる。その胴体はミミズのような円筒形だが、サイズが桁違いに大きく、全長100mから400mにも達するのだ。このモンスターの名前はサンドワームといい、栄養素の乏しい砂漠の地下を、エサを求めて徘徊している危険なモンスターだ。

　このモンスターは、フランク・ハーバートの傑作SF小説『デューン／砂の惑星』に登場するモンスターで、惑星アラキスという、一面が砂漠に覆われた惑星の地中に住んでいる。サンドワームは、おもな栄養源を砂漠の下にある土のなかから取り入れて生活しているが、非常にどん欲かつ敏感な性質を持ち、砂漠を走るトラックや砂漠を歩く人々を砂の中から襲って丸呑みしてしまう。先端に開いた巨大な口の中には珪素と炭素でできた無数の歯があり、何でもかみ砕いてしまうのだ。

　惑星アラキスの原住民である砂漠の民フレーメンは、この危険なサンドワームを「シャイ・フルド」という独自の名前で呼び、自分たちの生活に利用する術を身につけている。彼らはサンドワームの襲撃の前兆を感知する方法を知っており、意図的にサンドワームを呼び出して乗り物として利用する。これはワームを飼い慣らしているのではなく、体節にフックを引っかけることで呼吸孔を開けっ放しにし、サンドワームが砂に潜らないようにするのだ。サンドワームを乗りこなすことはフレーメンにとって成人の儀式とされるほど重要なことである。また、彼らはサンドワームの歯から作ったナイフを、信仰上重要な武器とみなしている。

　サンドワームとフレーメンたちの複雑な共存関係、そして映画で描かれた、地中からあらわれるワームの迫力ある描写は、砂漠に住む超巨大生物というインスピレーションを世界のクリエイターに与えた。『スター・ウォーズ／ジェダイの帰還』には、アリ地獄とサンドワームを組み合わせたような生物「サーラック」が登場するが、その描写方法は明らかにサンドワームを小さくしたものである。

『デューン／砂の惑星』は、人間の頭の働きをUPさせる「メランジ」っていうスパイスの争奪戦のお話で、このスパイスにもサンドワームが関わってるらしいんだ。せっかくだからどんなお話なのか見てみようよ！

illustrated by 四電ヒロ

生息地：森、湿地、ダンジョンなど（原作中では太平洋の孤島）
別名：－　出典：「マタンゴ」

不思議な粉で仲間になろう！

　キノコを含む菌類が、動物でも植物でもないことがわかったのは19世紀の末である。種子でも卵でもなく「胞子」で増殖するなど、それまでの人類の常識とはまったく異なる菌類は、このころから"得体の知れない存在"として創作物に登場するようになった。

　現代の創作作品では、キノコに手足が生えて動き回るタイプのモンスターが複数登場している。これらのキノコモンスターは呼び名の種類が多く、マタンゴ、シュリーカー、ファンガスなどさまざまな名前で呼ばれている。

　とりわけ日本で有名なのが「マタンゴ」だろう。1988年のRPG『ドラゴンクエストⅢ』で登場したモンスターで、毒々しい色の太いキノコの柄の部分に顔があり、手と足が生えている。胞子や甘い息を吐いて人間を眠らせるのが得意技である。

　マタンゴの名前の由来は、1963年の日本映画『マタンゴ』だと思われる。これはアメリカのホラー小説家ウィリアム・H・ホジスンの小説『夜の声』（1907年）を原作にしたホラー映画で、南洋の無人島に漂着した日本人7人が、マタンゴというキノコを食べた結果、マタンゴに寄生され、毒で幻覚を見せられたマタンゴ人間が狂気の行動をとりはじめる様子が描かれている。マタンゴは通常は10cm程度だが、人間に寄生するとその表面が胞子に覆われ、色とりどりのキノコ人間となる。そして宿主から栄養を得ながら大きくなり、最終的には身長2.5m、体重300kgほどに巨大化する。

　ちなみにホジスンの『夜の声』では、寄生キノコには名前がついていなかった。日本映画が採用した「マタンゴ」という名前は、日本のほかアジアの松林に生える「ツチグリ」という、栗の実のようなキノコの別名「ママタンゴ」からとられたものである。

マタンゴ以外のキノコモンスター

　上でも紹介したように、日本独自のキノコモンスターであるマタンゴのほかにも、多くの作品に独自の名前を持つキノコモンスターが登場している。

　RPG『Dungeons & Dragons』には、シュリーカー、マイコニドというキノコモンスターがいる。シュリーカーは、一見普通の大きなキノコにしか見えないが、近づいたり、振動を感じ取ったりすると、突然金切り声をあげるのだ（シュリークとは金切り声をあげ

illustrated by しかげなぎ

るという意味の英語である）。ダンジョンを知性ある存在が管理している場合、シュリーカーは洞窟の番人、自然の警報装置として利用されることが多い。最初にシュリーカーが登場した『Dungeons & Dragons』では叫び声をあげるだけだが、作品によっては、さらに走って逃げ回るものも存在する。

マイコニドはキノコが二足歩行しているキノコ人間のような種族である。マタンゴと違ってキノコの傘の部分に目がついており、より人間らしく見える。彼らは知的種族ではあるが、自分たちの縄張り（そして繁殖地）を広げること以外に興味を持たない。そして声を出すことはできず、意思疎通にはテレパシーを使ったり、胞子を飛ばすことで情報をやりとりする奇妙な種族である。

キノコモンスターはなぜ「寄生」するのか？

キノコのモンスターには人間に寄生して意識を乗っ取るものが非常に多い。例えば1962年の小説『地球の長い午後』（ブライアン・W・オールディス）に出てくる「アミガサダケ」は、ほかの生物の頭部に寄生して、その意識を乗っ取り、身体をあやつる。非常に高度な知性を有しているが、利己的で傲慢であり、自己の増殖のことしか考えていないモンスターだ。

日本の特撮作品『ウルトラマンタロウ』の怪獣マシュラ、『超人バロムワン』の怪人キノコルゲも、胞子を人間に植えつけ、自分の仲間を増やしたり、あやつったりする。マシュラは自分の胞子を東京都の浄水場に入れて東京の人々をみな自分の眷属にしようとしたが、ウルトラマンタロウに阻止され、最後は身体中の水を干からびさせて活動不能になり、その死体はマツタケの温床になっている。

菌類は自分自身では生存に必要な栄養を作り出せず、他の生物（生死に関わらず）に寄生して栄養を得る存在だ。その生態が「他生物に寄生し、乗っ取る」という恐怖を作り出したのだろう。

クトゥルフ神話の「ミ＝ゴ」

19世紀アメリカの小説家H.P.ラヴクラフトが作り上げた架空の神話「クトゥルフ神話」には、菌類から進化したといわれるミ＝ゴという種族が登場する。高度な知性と文化と技術を持っている種族だ。その外見は、エビのような身体に昆虫のような羽を持ち、剥き出しの脳みそのような形の頭部を持っている。地球上にない菌類で構成されたその身体は、人類の武器では最小限のダメージしか与えられない。また、ミ＝ゴは写真には写らず、死ぬと数時間で分解して溶けてしまう不思議な生態がある。

ミ＝ゴは機械文明を発展させた種族で、人間を研究しているが、それは恐ろしく非人道的なものである。誘拐した人間の脳を取り出して生きたまま標本にしたり、その人間のかわりに精巧なロボットを送り込んで、いつのまにか入れ替わるのだ。

キノコのモンスターって、胞子をばらまいて毒に犯したり、幻覚を見せたりするのが得意なんだって。そういえばキノコといえば毒キノコだもんね。毒ばっかりになるのも納得だよ〜。

ファンタジーの父、トールキン

はーい！ しつもーん！
なんかさっきから、「トールキン」さんっていう小説家さんのお話がすごく多くないかな？ この人って誰なの？

トールキン氏ハ、20世紀に活躍した作家でス。現在広く知られていル、剣と魔法とモンスターが活躍するファンタジー世界ハ、みなトールキン氏の作品を参考にしていまス。いわばファンタジーのお父さんですネ。

ジョン・ロナルド・ロウエル・トールキン
John Ronald Reuel Tolkien

文献学者、詩人、作家、大学教授
生没年：1892-1973
国籍：イギリス
代表作：『ホビットの冒険』『指輪物語』など

　架空のファンタジー世界「中つ国」を創造し、多くのモンスターを世に広めた「現代ファンタジーの父」として知られる。

　トールキンは母国語である英語の研究家であり、名門オックスフォード大学で「オックスフォード英語辞典」の編集にたずさわる一方、北欧神話の流れをくむ、イギリスの古典英雄物語『ベーオウルフ』の研究や、実在の言語体系と関連を持たない架空の言語を作るという活動、そして子供たちに読ませるための自作のファンタジー物語を制作していた。これらの活動を土台として、1937年に完成したのが、トールキンのファンタジー小説『ホビットの冒険』である。

　当初は子供向けの物語として創作された『ホビットの冒険』だったが、トールキンがこれまでの活動のなかで構築していた独自の世界設定「中つ国(ミドルアース)」が大人にも評価され、トールキンは『ホビットの冒険』と同じ世界を舞台にした長編小説を出版することになる。それが映画『ロード・オブ・ザ・リング』の原作として有名な『指輪物語』なのだ。

　これらの経緯から、トールキン作品の世界には、北欧神話やケルト神話（イギリスの隣国アイルランドの神話）、イギリスの古典物語や妖精伝承などのエッセンスが多く含まれている。このため欧米の読者にとって親しみやすい物語になる一方、われわれ日本の読者が西洋の神話やモンスターを知る原動力にもなった。

いま世界中の子供たちガ、ドラゴンやエルフなどファンタジー世界の住人を知っているノハ、その先駆者となったトールキン氏のおかげなのでス。

へー、トールキンさんってアタシたち北欧神話のことも研究してたのか。ひと言いってくれれば、小説に出るくらいかまわないからさ、声かけてくれればいいのに～。

生息地:不詳　別名:―　出典:『Greyhawk』(1975年アメリカ)

ボクの目の前にボクがいる

　ドッペルゲンガー（Doppelganger）とはドイツ語で「ふたりで歩く者」すなわち「コピー人間」という意味の言葉である。もともとは心理学用語で、「自分そっくりの人物を見かける現象」および、そのそっくりの人物を指す言葉であった。

　この「自分そっくりの人物を見かける現象」は洋の東西を問わず、歴史的に見ても古くからあり、さまざまな文献や物語に登場する。古くはギリシャの哲学者ピタゴラス、近代ではアメリカ合衆国第16代大統領エイブラハム・リンカーン、日本の文豪、芥川龍之介などが、自分そっくりの人物を見かけたという記録を残している。その正体は科学的には「自己像幻視」という脳の異常動作だとされるが、奇妙なことに、ドッペルゲンガーは本人だけでなく、同時に当事者以外によって目撃された例も多い。

　ロシアの文豪ドストエフスキーの小説『分身』（1846年）では、ただの心理現象だったドッペルゲンガーが現実世界に影響を与える様子が描かれている。主人公ゴリャートキンそっくりのドッペルゲンガーは、社会のなかでゴリャートキンに徐々になり代わり、彼を狂気に追い込んでいくのだ。

　現代の創作では、心理的な現象ではなく、特定の人間そっくりに変身できる独立したクリーチャーとして用いられる。特にゲームにおいては、アメリカのRPG『Dungeons & Dragons』の追加資料『Greyhawk』で紹介されて一般に浸透した。

　現代の創作におけるドッペルゲンガーは、外見だけでなくモデルになった人間の記憶や表層意識を読み取る能力を持つことが多く、本体とドッペルゲンガーを見分けるのは困難である。しかしコピーできるのは記憶だけで、身体能力や戦闘経験はドッペルゲンガー本人が身につけた能力で戦うので、熟練した冒険者にとっては大きな障害にはならない。ただし一部のゲームなどでは、対象の能力まで完全にコピーしてしまうドッペルゲンガーも登場するため、仲間の安全のためにもなんらかの方法で正体を見破らなければならないだろう。

自分のドッペルゲンガーを見た者は死ぬといいマス。これハ、ドッペルゲンガーを見るノハ、肉体の不調で心が弱っている人が多いからでス。ドッペルゲンガーを見てしまうくらい衰弱している、ということですネ。

フランケンシュタイン・モンスター

生息地：ジュネーブ（スイス）　別名：—　出典：『フランケンシュタイン、あるいは現代のプロメテウス』（著：メアリー・シェリー　1818年）

ビリビリ電気で一丁あがり！

　頭に巨大なボルトが刺さった、つぎはぎだらけの巨大な人間。「フランケンシュタイン」の名前で彼を覚えている人が多いだろうが、実はフランケンシュタインとは怪物の名前ではなく、この怪物を作った創造主たる青年の名前である。怪物たる彼には名前は与えられていないため、あえて言うなら彼の名前は「フランケンシュタイン・モンスター」、すなわちフランケンシュタインの怪物となる。

　この怪物は身長2.4m。巨大な見た目どおりに力が強いのはもちろん、超人的な速さで動くことができるなど、身体能力全般が高い。一方で生物としての生命活動も必要としており、腹も減ればのども渇くのが弱点と言える。そして独自の感情を持ち、醜い姿で作り出された自分の境遇をなげき、悩んでいる。

　フランケンシュタイン・モンスターは、人間の死体を外科的につなぎあわせ、電気ショックで生命活動を再開させたものである。死体から人間を作り出し生命を与えるという物語は古くから世界中に存在し、日本でも平安時代末期の仏教僧「西行法師」が、反魂香という道具で死体をよみがえらせた逸話などが知られている。

　しかし小説『フランケンシュタイン』では、背景に近代科学技術の発展がある点で、それ以前の死者蘇生の物語と一線を画している。本来厳粛であるべき人間の"死"を、科学を振りかざしてもてあそぶ、神をも恐れぬ所業。死や死体への恐怖、人間に近い形をした異形への恐れ……。それらがあわさって、フランケンシュタイン・モンスターは世界を代表するホラーモンスターになり得ているのである。

　独自の感情とキャラクター性を持つ一個人であるからか、フランケンシュタイン・モンスターは、モンスターを障害物とみなすゲームの世界に登場することは少なく、どちらかといえば小説などの物語上のモチーフとして採用されることが多い。ゲームの世界では、彼と同じような死体をつなぎあわせたモンスターは「フレッシュ・ゴーレム」と呼ばれている（➡p46）。

最近は、この小説に出てきたような外見のモンスターじゃ満足できず、手足や頭の数を普通より増やした死体を作る作品が増えてるらしい。どこからそんなに大量の死体持ってきたんだよ〜。

illustrated by ももしき

バルログ

生息地：中つ国　別名：バロール、ヴァララウカール　出典：『指輪物語』『シルマリルの物語』（著：J.R.R.トールキン）

モンスターの創作

襲来！ 炎の大悪鬼

　ファンタジー作品の祖であるトールキンの、『指輪物語』などの作品群には、神話に由来するモンスターだけでなく、トールキンが独自に創造したモンスターも多数登場する。105ページで紹介しているオークがその一例である。このページで紹介するバルログというモンスターは、小説『指輪物語』『シルマリルの物語』に登場する怪物の種族名である。名前は「力ある悪鬼」という意味だ。

　バルログの基本的な外見は、人間と同じような二足歩行の生物だが、身長は人間よりもはるかに大きく、身体中に炎をまとっている。背中には翼があり、鼻からは炎の息を吹き出す。片手には鋭い剣を、もう片手には鞭を持っているという。

　上記の特徴は小説『指輪物語』や『シルマリルの物語』で紹介されたもので、あまりくわしい外見描写はないと言える。しかし『指輪物語』を原作にした映画『ロード・オブ・ザ・リング』ではバルログがド派手な戦闘シーンに登場しており、それに伴ってバルログの外見が映像の形で示されている。この映画版のバルログは、上記で説明した特徴のほかに、角とシッポを持ち、灼熱に燃えるたてがみを持つ巨人の姿に描かれている。剣は持たず、右手に燃えさかる鞭だけを持っており、これを振り回して主人公サイドの魔法使いガンダルフと戦う場面は迫力満点である。

　バルログの正体は、「マイア」と呼ばれる神の使徒のうち、炎をつかさどるマイアだった者が、悪の首領モルゴスにそそのかされて堕落した存在だという。あえてキリスト教に対応させるなら、マイアは天使、バルログは堕天使の一種ということになる。ちなみにバルログをそそのかしたモルゴスは、唯一神の下で世界の各種現象を管理する「ヴァラール」という高位の使徒が堕落したものである。これもキリスト教的にいえば、堕天して高位悪魔になった大天使ということになる。

　バルログは『指輪物語』以降のファンタジー作品に頻繁に取り入れられ、地獄など負の属性を持つ異界から来た強大な敵という役どころで利用されている。

> 『D&D』には、バルログは「バロール」っていう名前で出演してるんだって。そういやアイルランドのケルト神話にも、「バロール」っていう綴りがまったく同じ神様がいるけど、なんか関係あんのかな？

illustrated by ジョンティー

ローパー

生息地：鍾乳洞など　別名：－　出典：『Dungeons & Dragons』（1974年アメリカ）

ウネウネ触手にあなたも"トリコ"

　ローパーとは「縄（ロープ）の使い手」という意味である。その名のとおりローパーは、縄のような触手を自在にあやつるモンスターだ。

　イソギンチャクからアイディアを得たと思われる、触手を持つモンスターは過去にも存在したが、ローパーという名前が登場したのはRPG『Dungeons & Dragons』がはじめてである。『D&D』のローパーは、鍾乳洞などにあるタケノコのような岩「鍾乳石」にそっくりの外見をしていて、そこに巨大な単眼と多数の歯がある口、そして複数の触手がついている。ふだんは鍾乳石や地下迷宮の岩などに擬態していて、獲物が近づくと、触手で獲物を捕らえて口に運び、食べてしまうのだ。

　ちなみにローパーには、ニワトリなども持っている「砂嚢（さのう）」という器官がある。これはあらかじめ飲み込んでおいた固いもので、食べたものをすりつぶすための器官なのだが、ここにこれまで食べてきた人間たちの所持品が入っていることがある。ローパーを倒して解体すれば、多くの宝を得ることができるだろう。

『D&D』のローパーは、その後触手系モンスターの代名詞となり、多くの作品に登場している。例えばナムコのアーケードゲーム『ドルアーガの塔』では、ローパーは鍾乳石というよりはゼリービーンズのような丸っこい胴体から触手が生えたモンスターとなり、独特の外見でシリーズの看板モンスターの1体になっている。

　また『D&D』のローパーの祖先として、アメリカのホラー小説家ロバート・ブロックの『無人の家で発見された手記』に登場した「森の怪物」を挙げておくべきだろう。これは邪神の信者が召喚した黒い巨木のような怪物で、多数の触手を持ち、森から逃げる住人たちを捕らえてしまう。

　作中でこの怪物の正体は「ショゴス」（→p18）とされているが、特徴に違いが多いため、本当の正体は、ミミズめいた触手の固まりに無数の口と山羊のような足がついている存在「森の黒き子山羊」だとする作品もある。

> ローパーってきもちわるい見た目なのに、なんでこんなに人気があるの……え、「触手モンスターっていいよね！」って？　……ああっ！　なんかエッチなこと考えてるでしょ！　すけべー！

illustrated by 誉

リッチ

生息地：不詳　別名：－　出典：『降霊術師の帝国』（著：クラーク・アシュトン・スミス　1932年）

どんどん増えるよ！　量産型小悪魔

　リッチとは、魔術師や魔法使いが自分自身を生ける屍「アンデッド」と化し、不死を獲得したものである。

　リッチという単語は、もともとは古い英語で「屍」を意味していたが、クラーク・アシュトン・スミスの小説『降霊術師の帝国』において、ふたりの降霊術師（ネクロマンサー）によって復活させられた古（いにしえ）の魔術皇帝が死体（リッチ）と呼ばれたことから、後述するゲームで取り上げられたときに、アンデッド化した魔法使いを意味するものになった。

　『降霊術師の帝国』では、疫病で滅んだキンコル王国の首都に、ふたりの邪悪なネクロマンサーが入り込み、蘇らせた死体をあやつって帝国を築くのだが、かすかに意思を取り戻した最後の皇帝イッレイロが、同じく復活させられた初代皇帝にして伝説の魔道師ヘスタイヨンの知恵を借りて、降霊術師を滅ぼす物語だ。

　同時期のファンタジー作家ロバート・E・ハワードの『蛮人コナン』シリーズでも、ピラミッドの中で眠っていた古代の魔術師がコナンを呪い殺そうとしたり、古代王の屍がよみがえって剣を授けている。これらもリッチと呼んでいいだろう。また、J.R.R.トールキンの古典ファンタジー小説を映画化した『ホビットの冒険』に登場するネクロマンサーも、死を超越した魔法使いであり、リッチに近い。

　RPG『Dungeons & Dragons』で、リッチはアンデッドの王と位置づけられた。多くのリッチは生前、高位の魔法使いであった姿を反映し、王冠をかぶり、経年劣化した豪華な衣装を着たガイコツのような姿である。

　『D&D』のリッチは、高位の魔術師が永遠に魔法の研究を続けるために、魔法的な儀式で自分自身を作り替えたものだ。『D&D』第4版では、魔術師はアンデッドを統べるデーモンのプリンス "オルカス" を召喚する儀式を行い、一度死んでからよみがえることでリッチになる。リッチは自分の魂を封じた護符をどこかに保管しており、これが無事である限り、肉体が滅んでも何度でも復活できるという。

> 魂の護符があるかぎり何度も復活するってずるくないか？　これで強力な魔法とか、死のオーラをまき散らすとかやってくるんだから、アンデッドの王様なんて言われるのもよくわかるよ。

illustrated by らむ屋

ターン・アンデッド

> よくゲームとかでさ、鎧を着た司祭さんとかが神様にお祈りしたら、ガイコツたちがサラサラサラ〜って砂になっちゃう、みたいなのがあるじゃない。あれっていったい何が起きてるの？　教えてー！

> それは「ターン・アンデッド」ですネ。神様の力でアンデッドをターン（退散）させる術なのでス。

　ファンタジー世界では、前のページで紹介した「リッチ」をはじめ、ゾンビ（→p162）や骸骨などの「動く死体」、そしてレイス（→p174）のような死者の霊魂がモンスター化した存在を「アンデッド」と呼んでいる。

　ターン・アンデッドは、おもにファンタジー世界の神に仕える司祭が使う特殊な能力で、神の力を解放してアンデッドにぶつけるものだ。これを浴びたアンデッドは、戦意を失って術の使い手から逃げ出したり、ときにはその場でかりそめの生命を失って消滅してしまう。

「負の生命力」を打ち消す技術

　ターン・アンデッドの仕組みを理解するには、ファンタジー作品で一般的な設定である「正の生命力」と「負の生命力」について理解することが必要だ。

　正の生命力とは、われわれ生物が持つ自然な生命エネルギーで、肉体を活性化する力を持つ。多くの作品では、人間は神を信仰することによって微量の「正の生命力」を神に捧げている。

　負の生命力とは、正の生命力とまったく反対の力を持つエネルギーである。ゾンビなどの死体が動いたり、死者の霊魂が地上にとどまっているのは、死体や霊魂に負の生命力が充満しているからなのだ。

　ターン・アンデッドでは、神の加護を受けた聖職者などが、正の生命力を無差別に解放して周囲に浴びせかける。負の生命力で動く存在にとって正の生命力は毒のようなものなので、力の強いアンデッド以外は逃げだし、弱いアンデッドはその場で負の生命力を失って消滅してしまう。

　ちなみにファンタジー作品で一般的な「回復魔法」は、多くの作品で「人間に正の生命力を流し込むことで、肉体の治癒能力を活性化し、傷を治す」魔法だとされている。つまり負の生命力で動いているアンデッドにとって毒となる「正の生命力」を流し込めば、アンデッドの肉体は崩壊してしまうのだ。

> あー、そういえば聞いたことある！敵のボスに「ベホマ」っていう回復魔法当てると大ダメージになるって裏技があるんだよね！

> 回復魔法をかけられたらダメージ受けるってすげえな……。そいつはよっぽど負の生命力の固まりみたいなやつなんだろうな。悪魔とか悪霊とか、そういう感じのやつだったんじゃないか？

中東のモンスター
Monsters in Middle East

文明発祥の地のひとつである中東地方では、
古くからその神話にモンスターが登場し、
多くの資料で語り継がれてきました。
そのなかにはヨーロッパの文献に引用され、
現代のファンタジー作品に登場したモンスターが
多く存在します。

illustrated by 湖湘七巳

イフリート

グール

生息地:中東　別名:グーラ、ゴール　出典:中東の伝承、『千夜一夜物語』など

死体じゃないよ、精霊だよ

　現代の創作に登場するグールというモンスターは、動く死体アンデッド（➡p42）の代表格であるゾンビとよく似た存在である。体は死斑（死後に皮膚が紫色に変色する現象）に覆われ、目は赤く体毛は皆無。そして獣のように鋭い爪と牙が生えている。グールは死体の腐肉を好むため、戦場や墓地などを徘徊してエサを探す一方、生きた人間に気づけば物陰から飛びかかって餌食とするのである。グールの爪には傷つけた相手を麻痺させる力があり、かみつき攻撃は「グール熱」と呼ばれる病気の原因になる。一説によれば生前に人間の肉を食べたものが死後に変化するというグールは、きわめて不浄で危険なアンデッドなのである。

　グールというモンスターがこのような姿になったのは、近現代の創作からのことだ。本来のグールとは、中東の伝承に古くから伝わる魔物であり、動く死体ではなくれっきとした精霊である。黒い肌に加え体毛が濃い醜悪な姿で、足首の先にロバのひづめがついている。だがグールは自在な変身能力を身につけていて、これでハイエナや人間に化けることができる。人間の死肉を好むというのは現代の創作と同じで、むしろモンスターのグールよりも知恵が回り、食料である死肉を効率よく得るために人間社会のなかにまぎれこんで暮らすグールもいる。

　グールの中には女性もいてグーラと呼ばれる。彼女たちの特技は、人間の美女に化けて男性を誘惑し、人気のないところに連れ込んで食べてしまうという技だ。

　このように特徴だけを見れば、グールと人間は決して相容れない敵に見えるのだが、物語などではグールが人間の子供を養育するという不思議な展開が見られることがある。グールの女性は自宅で家事などを行う際、垂れ下がった乳房がじゃまになるので肩の上にかけておく。子供が彼女の背後から忍び寄って乳を吸うと、その子供はグーラにとって乳を与えた息子という扱いになり、グールの同族とみなされて家族の中で養育されるのである。

> グールのなかには、自分の家に迷い込んできた人間の女の子を、何の下心もなく養女にして、王様の妻になるくらい立派な子に育て上げた人もいるみたい。でもグールの花嫁ってなんだか変な感じ……。

illustrated by 李玖

ゴーレム

生息地：不詳　別名：－　出典：ユダヤの民間伝承

あなたの指示に絶対服従♪

　創作に登場するゴーレムは、石などの無生物で作られた動く人形、いわば魔術的なロボットである。ゴーレムは素材ごとに呼び名が変わるのが普通で、鉄で作られたアイアンゴーレム、木製のウッドゴーレム、土でできたクレイゴーレムなどが多く登場する。なかには生物の死肉で作られたフレッシュゴーレムなどというモンスターもいる。ただ単にゴーレムという場合は、石で作られたストーンゴーレムであることが多い。

　ゴーレムは人間と簡単な受け答えをできる場合もあるが、その内容は感情に乏しく機械的である。主人から与えられた命令をプログラムのように忠実に守り、一切の融通がきかない。そのため多くの場合、ゴーレムは財宝や重要アイテムの守り手として配置され、たとえ主人の死後であっても生前の命令を忠実に守り続けるのだ。

ゴーレムの作り方、使い方

　ゴーレムはもともと、古代中東で生まれたユダヤ人の宗教「ユダヤ教」の伝承に登場する人造人間である。ゴーレムとはユダヤ人の用いるヘブライ語で「生命がない」または「不完全なもの」という意味がある。ゴーレムを作ることができるのは、ユダヤ教の神への強い信仰心を持ち、善行を積み上げた人間だけだという。

　現代の創作ではゴーレムは石造りであることが多いが、本来のゴーレムは土製、つまりクレイゴーレムが標準である。ユダヤ教の聖典である『旧約聖書』の『創世記』では、神は土をこねて魂を吹き込むことで最初の人間アダムを作ったとされる。ゴーレム製造は、この神の御業を真似たものともいえるだろう。

　ゴーレムを作るには、まず身を清め、耕されていない土を人間の形に整形する。そして祈りの文言を唱えながら人形のまわりを7周したのち、人形の額に神の御印を刻むか、文字を書いた羊皮紙を貼りつける。このとき書き込むのは「真実」を意味する「エメス（emeth）」という文字である。（これはヘブライ文字をアルファベットに音写したもので、ヘブライ文字の場合は אמת となる）

　こうして生み出されたゴーレムは並外れて強い力を持ち、高所をすばやく駆け上がれるほど敏捷であり、透明になることもできるという。

ただしゴーレムの運用方法は複雑で、厳しい決まりがある。わかりやすいところでは、土曜日にゴーレムを動かすのは厳禁とされる。ユダヤ教では土曜日は安息日とされ、一切の労働をしてはならないと定められているからだ。そのため安息日になる前に、ゴーレムの額から文字を書いた紙をはがしておかなければいけない。またゴーレムは複雑な思考ができないため、水を汲めと命令すると、術者が止めない限り、家の中が水浸しになっても水汲みを続けるという不具合が起きる。

　ゴーレムが不要になった場合は、額に描かれている「emeth（真実）」の文字を1文字削って「meth（死）」にすればよい。こうするとゴーレムはかりそめの命を終えて土のかたまりに戻る。この特徴は後世の創作作品にもしばしば受け継がれており、戦闘中であっても武器などで額の文字を削ることができれば、ゴーレムを機能停止させることができ、ゴーレムの数少ない弱点としてよく利用されている。

ユダヤ人がゴーレムを求めたわけ

　ユダヤ人は古くから他民族の支配を受けてきた歴史を持つ。彼らはエジプトの奴隷、メソポタミア（前イラク）の奴隷などの待遇を受けたり、中世にはヨーロッパの町にゲットー（ユダヤ人居住区）が作られて隔離されたこともある。ユダヤ人のなかからゴーレムの伝承が生まれたのは、彼らが自分たちを助け守ってくれる強い存在を潜在的に求めた、という事実と無関係ではないだろう。

　歴史上もっとも有名なゴーレムの伝承は、16世紀、このゲットーがあった都市のひとつであるチェコの首都プラハで生まれた。プラハの政府がユダヤ人を迫害しようとしたとき、伝説の主人公であるレーヴというユダヤ人のラビ（宗教指導者）が、ゴーレムを作ってこれに対抗したのである。このゴーレムはヨセフと名付けられ、町を巡回してユダヤ人とほかの人種のトラブルを防いだり、透明になって人知れずユダヤ人を助けたのだという。その後、プラハの統治者がユダヤ人に好意的な人物に代替わりしたため、ヨセフは不要となり、レーヴは額の文字を削って土に返したという。

人造人間ホムンクルス

　人間が魔術で作り出す人造人間としてもうひとつ無視できないのが、錬金術によって生み出される人造人間ホムンクルスである。創作では魔術師の使い魔のような立場を与えられたり、人間サイズまたはそれ以上の大きさに成長して、人間が持たない特別な能力で襲いかかってくるが、現実世界におけるホムンクルスとは、実験用のフラスコの中で飼われる無力な生命体で、戦闘力などは持っていない。

　ホムンクルスは男性の精子と術者の血液、その他多くの物質を混ぜあわせて作られる小型の人工生命体で、生まれながらにして言語能力や多くの知識を持つ。しかし一説によれば、ホムンクルスはフラスコの中でしか生存できないという。

> ゴーレムの仲間、ギリシャにもいル。
> 76ページで紹介しているタロスはギリシャ版のゴーレム。
> 仲間のことも、見てきてほしイ。

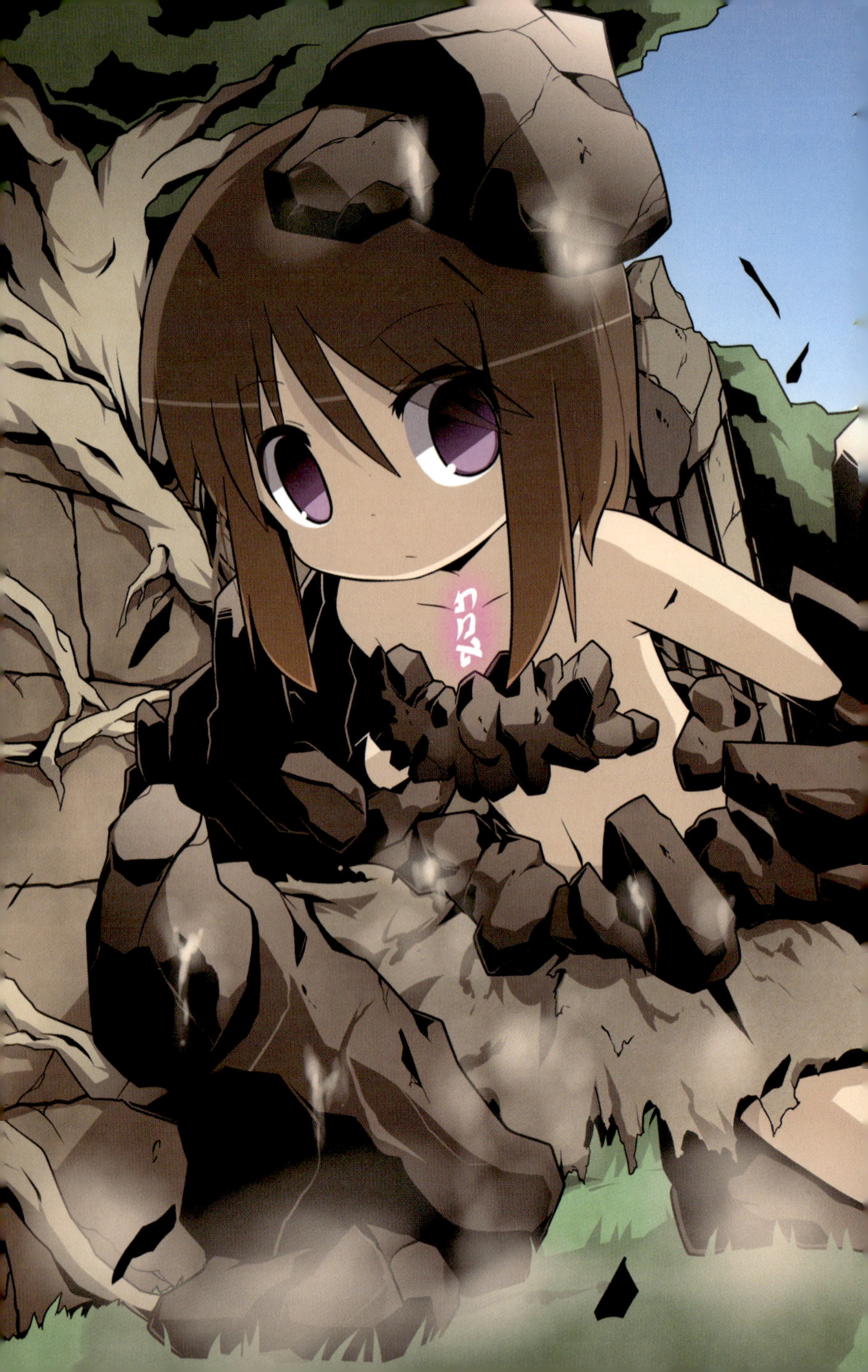

illustrated by 皐月メイ

イフリート

生息地：中東　別名：ジン　出典：『クルーアン』、民間伝承など

呼べば炎の泉湧く!

　頭に角があり、筋肉質の肉体に炎をまとった人間型のモンスター。イフリートといえば、多くの人がこうした外見のモンスターをイメージするだろう。

　その外見どおり炎のモンスターであるイフリートは、その強大な炎の力で周囲を焼き尽くす。ゲームでは敵役として登場するだけでなく、コンピューターRPG『ファイナルファンタジー』シリーズや『テイルズ』シリーズでは、プレイヤーが魔術によって呼び出すことができる「召喚獣」のひとりに名を連ねている。イフリートを魔術で召喚すれば、得意の炎で敵を焼き尽くしてくれるというわけだ。

　このように現代の創作では強く炎と結びつけられているイフリートだが、このイフリート発祥の地であるアラビア半島では、イフリートと炎の関係はそれほど強くなく、創作作品とはかなり違うイメージで語り継がれているのだ。

イスラム教のイフリート

　イフリートとは、もともとアラビア半島の民間伝承に存在した、人型の霊的存在「ジン」の一種である。ジンたちは、その後アラビア半島で興ったイスラム教の教義に取り入れられ、天使と人間の中間の地位を与えられた。

　イスラム教の聖典『クルアーン』によれば、ジンは、唯一神アッラーによって煙のたたない火から生み出されたとされている。生まれながらにして善良に作られた天使たちと違い、ジンたちは善悪どちらとも定まらない存在として作られたため、人間と同じように良い者も悪い者もいる。

　ジンのなかには強い力を持つものとそうでもない者に大きな差があり、その力の大きさによって5段階の地位に分類される。もっとも強力な者は「マリード」といい、その後「イフリート」「シャイターン」「ジン」「ジャーン」の順番に力が弱くなっていく。つまりイフリートは2番目に強大なジンなのである。

　一般的なアラブのイフリートの外見は、天をつくような巨体の持ち主で、背中に鳥の翼が生えている。フィクションのイフリートは翼をもたないことがほとんどなので、これは大きな違いだと言えるだろう。

illustrated by ももしき

ジンの一族がアラブの伝承で悪役として登場する場合、なぜかその地位はイフリートであることが多い。悪しき心を持つイフリートの多くが好色で、物語のヒロインである美女を誘拐して勇者に退治される役回りである。また、有名な『千夜一夜物語』に収録された物語では、イフリートが人間との知恵比べに敗れて降参する場面が描かれている。イフリートは恐ろしい魔神であるのと同時に、いまひとつ悪役になりきれない、コミカルな敵役でもあるのだ。

イフリートだけが炎と結びつけられたわけ

　最初に説明したとおり、ジンという種族は、煙のない火から作られたとされる。その一種であるイフリートは多彩な魔術をあやつり、もちろんそのなかには炎を扱う魔術もある。だが現代の創作では、イフリートといえば全身が炎に包まれるほど炎と関係の深い存在として描かれており、一方でイフリート以外の「ジン」は、まるで風の精霊のように描かれ、炎とはまったく関係ない存在になっている。この奇妙な食い違いの原因は、RPG『Dungeons & Dragons』である。

　『D&D』の世界には、「エレメンタル・プレーン」と呼ばれる、地水火風の４大精霊力（→p126）によって構成される異世界があり、そこにはそれぞれの精霊力を担当する精霊と魔神が存在する。『D&D』はこの精霊力をつかさどる魔神に、ジンの階級名を割り当てたのだ。水の精霊界にマリード、風の精霊界にジン。そして火の精霊界に割り当てられたのがイフリートである。余談ではあるが、地の精霊界には「ダオ」という架空の魔神が割り当てられている。

　『D&D』のイフリートが炎の精霊界の住人になって以降、多くのファンタジー作品においてイフリートの炎のイメージが強化され、全身が炎に包まれた姿で描かれることが多くなったのである。同様に「ジン」は風の精霊界の住人となったため、ジンは炎のイメージから切り離された。しばしばジンの足下に緑色の竜巻のようなものが描かれるのは、明らかに『D&D』のジンの影響であるといえる。

容器から出てくるイフリートたち

　古来よりジンやイフリートは、容器の中から人間の前にあらわれることが多い。『千夜一夜物語』には、ランプの精が３つの願いごとを叶える有名な物語があるが、このランプの精の正体はジンである。

　同じく『千夜一夜物語』では、封印された壺の中から解放されたイフリートが、人間の口車に乗せられ、せっかく解けた封印の壺にもう一度入って封印されてしまうという失態を犯し、再度解放されるかわりに人間の願いを聞いた。ちなみに『Dungeons & Dragons』などのRPGに登場する、使うと一度だけイフリートが命令に従う道具「イフリート・ボトル」はこの伝承に基づくものだ。

> 『クルアーン』だと、ジンってぜんぶ「煙のない炎」から作られたらしいけど、そのあとのアラブの人たちは、イフリートだけは「煙」を材料に作られたと思ってたんだって。仲間はずれっ!?

現実のモンスター「ギュスターヴ」

フェンリル： 話に聞いたんだけどさ、なんか世の中には、モンスターが空想のなかにしかいなくって、世界には普通の動物しかいない世界があるんだって？なんか刺激が少なくてつまんなそうだよな～。

ゴーレム： フェンリル、私は同意できません。実在の生物にも、モンスター顔負けの危険な生物がいます。

（赤髪の少女）： まあ、たしかに人食い熊とか、危険な生き物はいるっていえばいるけど。ゴーレムがそんなに強く言うほど危ない生き物っている？ちょっと興味あるなっ！

ゴーレム： アフリカ中南部、ブルンジ共和国というところニ、恐ろしい生き物がいます。体長８メートルの人食いワニです。あまりに大きくて凶暴なので、ギュスターヴという名前までつけられていまス。

フェンリル： え～っと、８メートルってどのくらいだっけ？

ゴーレム： 一般的な中学校の教室は、縦横ともに７～９メートルほどの大きさがあります。つまり頭から尻尾までが教室にギリギリ入るくらいの大きさでス。

（赤髪の少女）： でかっ!! なにそれ、ほんとにワニなの？（資料をぱらぱらとめくる）うわ、しかも銃撃っても効かないって……。狩り用のでっかい弾で、鱗を貫通できないってなにそれ！ なに！

ゴーレム： 一説によるト、内戦で人間の死体を食べ、味を覚えて以来人間を襲うようになリ、300人以上の人間を食い殺したそうでス。年齢はもう100歳以上になると推定されていまス。

フェンリル： うわぁ～、そこまで行ったらもうモンスターじゃんか……。……えっ、いやいやビビってないよ！ このフェンリル様をびびらせたらたいしたもんだよ！

（赤髪の少女）： 実際にいる動物でもこんなにアブナイのに、モンスターだともっとすごいのもいるんだよね？こんなのしもべにできるのかな？ なんだか不安になってきたよ～！

ゴーレム： 立派なビーストテイマーになるためにハ、避けて通れない道ですネ。そのためにも早くお婆さま／古文書を見つけましょウ。

（赤髪の少女）： はっ、そうだった。古文書探さなきゃいけないんだった！ 忘れてた～！

フンババ

生息地：レバノン（香柏の森）別名：フワワ 出典：『ギルガメシュ叙事詩』

レバノンの森を守る猛牛

　現代の創作作品では牛系のモンスターとして登場することが多いフンババは、世界最古の英雄物語として知られる『ギルガメシュ叙事詩』に登場するモンスターだ。口からは炎と毒を吐き、叫び声をあげれば洪水が発生する。その偉容は歴戦の英雄すら震え上がらせるほどである。

　ただし『ギルガメシュ叙事詩』の原典には、フンババのくわしい外見は描写されていない。外見に関わりがありそうな要素も、わずかにフンババ自身の台詞に「おまえの肉を猛々しい蛇鳥、鷲、禿鷹に食わせたかった」という一文が見られるのみである。20世紀アルゼンチンの作家ホルヘ・ルイス・ボルヘスがまとめた『幻獣辞典』によれば、1952年にドイツ人作家ゲオルク・ブルックハルトが、『ギルガメシュ叙事詩』に新しい解釈を持ち込み、フンババの外見を、「前足が獅子、全身に堅い鱗、足には禿鷹の爪、頭に野牛の角、尻尾と男根の先端は蛇になっている」と設定している。フンババが原典にはまったく描かれていない牛型モンスターとして描かれる理由は、この『幻獣辞典』の記述によるところが大きい。

　この神話の主人公である英雄ギルガメシュは、神の血を引いた人類最強の英雄だが、その彼と互角の力を持つ親友エンキドゥとふたりがかりで戦ってもフンババを倒すことができず、太陽神シャマシュから風の力で支援を受けてようやく撃破することができた。彼らは現在でもレバノン杉というブランド木材で知られる中東の国レバノンから立派な材木を持ち帰ろうと計画しており、そのためには多くの材木を有する「香柏の森」の守護者であるフンババが邪魔だったのである。

　しかし神が森を守るために派遣したモンスターを殺したことで、ギルガメシュたちは神の不興を買ってしまう。このあとギルガメシュたちは、別の事情で、彼らの国に神々から送り込まれた「天の雄牛グダナ」（→p156）を殺してしまい、神々との関係が決定的に悪化。破滅への道をたどることになるのだ。

> この戦いでシャマシュ様は、フンババの顔に風を13種類も吹きつけて、身動きがとれないようにしてくれたんだって。そこまでしないと勝てないって、フンババどこまで強いのー！？

illustrated by ばるたる

アルミラージ

生息地：東南アジア　別名：アル・ミアラージ　出典：イスラム圏の伝承

かわいいウサギにゃツノがある！

　RPG『Dungeons & Dragons』や『ドラゴンクエスト』シリーズなどに登場する、ウサギのような一角獣。鋭い角を生かして突進する攻撃を得意とする。

　このモンスターは、もともとはイスラム教徒の動物誌や詩に登場するものだが、生息地はイスラム教の本拠地である中東から遠く離れた東南アジアだとされている。イスラム教徒の商人たちは、インド洋をまたにかけて幅広い交易を行っており、各地で知った珍しい習わしや動物植物を故郷に語り伝えた。写真機のない昔のこと、ただ言葉だけで伝えられた動物たちは、人々の想像のなかで自在に姿を変え、こうしてもともと多彩だったイスラム圏のモンスターの伝統は、よりいっそう豊かになったのである。

　アルミラージの元になったのは、このようにして中東に語り継がれた獣のひとつで、本当の名前はアル・ミアラージという。額に一角を有するウサギで、インド洋の島に住むといわれた。黄色がかった毛並をして、額にとがった巻貝のような角を持つ外見はなかなかかわいらしいが、その実、肉食で食いしんぼうのうえ縄張り意識が強く、相手が自分よりずっと大きな獣や人間でも、襲いかかって角で突いて殺してしまうのだった。

　アル・ミアラージという名前は、直訳すればハシゴ、または階段の意である。伝説によればイスラム教の預言者ムハンマドは、ある夜のこと、ふしぎな獣に乗って生きながら天に昇ったが、この旅のこともまたアル・ミアラージという。この不思議な獣の姿は、古い伝説では純白の毛並を持ち、長い耳が細かくふるえていたというが、後世には人面有翼の馬となった。あるいは、インド洋の一角ウサギも、この古いほうの伝説の獣と似ているというのでアル・ミアラージと呼ばれるようになったのかもしれない。

　ちなみに中東の詩には、額に一角を持つ鹿や馬など、一本角を持つ動物が多く登場するが、これは中東に生息しない「サイ」からの連想で生まれたものだと思われる。伝説によればこの種の動物のなかには、巨象を一撃で突き殺したり、大征服者チンギス・ハンに「征服をやめて国にお帰りなさい」と勧めた者もいるという。

> アルミラージって、サイから連想で生まれたにしては体が小さいよねー。別の説だと、皮膚の病気で額に「できもの」ができちゃったウサギをモンスター扱いしたのが発祥らしいよ。お大事に〜。

illustrated by ぱるたる

アポカリプス・ビースト

生息地：イスラエル　別名：黙示録の獣、666の獣、アポカリティック・ビースト　出典：新約聖書『ヨハネの黙示録』

秘密の数字を教えてあげる！

　ファンタジーの本場であるイギリスやアメリカは、国民のほとんどがキリスト教を信仰するお国柄であり、聖書に登場する天使や悪魔を、そのままの名前で小説やゲームに登場させることをタブー視する傾向がある。しかし日本では、キリスト教を文化のひとつとして知る一方、キリスト教の用語をタブー視する土台がないため、しばしば聖書の天使や悪魔、怪物などがそのままの名前で登場する。

　なかでも物語の強大な障害として近年人気があるのが、俗にアポカリプス・ビースト、日本語では黙示録の獣などと呼ばれるモンスターだ。7つの頭を持つ豹のような獣で、頭には合計10本の角が生えており、口はライオン、前足は熊という外見である。その肉体には異常な再生能力が備わっており、頭ひとつが潰されてもあっというまに元どおりに治ってしまう。

　このモンスターはキリスト教の聖書である『新約聖書』のなかで、もっとも幻想的な内容が書かれている『ヨハネの黙示録』に登場し、悪魔の首領であるサタンが変身した赤いドラゴンから地上の支配権を譲り受けた邪悪な怪物である。このモンスターは3年と8か月のあいだ地上で活動し、数多くの聖者に打ち勝って地上の支配権を確立するとともに、神の権威を冒涜する発言を続けるとされている。

　一時的に世界そのものを支配するモンスターだけあって、アポカリプス・ビーストが創作作品に登場するときは、いわゆるボスモンスターなど、強大な敵として配置されることが多い。特に作品にキリスト教の要素が含まれる場合はその傾向が強い。

　また、このモンスターは「666の獣」「マスターテリオン」などの名前で呼ばれることもある。666とは『ヨハネの黙示録』に書かれているこの獣をあらわす数字で、獣の数字と呼ばれている。マスターテリオンとは20世紀の実在する魔術師アレイスター・クロウリーが自称した異名である。クロウリーが自分はアポカリプス・ビーストだと自称したことから、この怪物もマスターテリオンと呼ばれてることがあるのだ。

> モンスターって「自然の驚異を実体化させたもの」だから、「自然もぜんぶ神様の思うまま」っていうキリスト教じゃ、わざわざモンスターを作る意味がないのさ。だからキリスト教にはモンスターが少ないんだよ。

illustrated by ななしな

メソポタミア神話の"随獣(ずいじゅう)"

　フンババ（→p54）の登場した『ギルガメシュ叙事詩』は、現在のイラクにあたるメソポタミア地方でいまから4000年以上前に書き記された物語だ。このころのメソポタミア地方には複数の都市国家が点在し、都市ごとに別々の神を崇拝していたとされる。

　都市が崇拝する神は、多くの場合、神に付き従う獣の姿とともに描かれた。この動物たちは、英語で「Attendant Animals」、日本語で「随獣」「侍獣」などと呼ぶ。随獣と神は1対1でパートナーが決まっているとは限らず、例えばメソポタミアの神話で主神級の扱いである軍神「マルドゥク」の随獣である、複数の獣の特徴を組み合わせた合成モンスター「ムシュフシュ」（→p172）は、マルドゥクの他にも多くの神の随獣に選ばれている。

随獣であるライオンの上に立つ女神イシュタル。このように随獣は、神が随獣を踏みつけているような形で描かれることも多い。

随獣が描かれるワケ

　メソポタミアの神話にはつきものの随獣だが、そもそもなぜ神の下に随獣が描かれるのかということについては、複数の説がありハッキリしていない。

　ひとつめの説は「神話の内容を描いた」というもの。例えば上で例に挙げたムシュフシュは、軍神マルドゥクに母ティアマトを殺害されたとき、屈服して彼の随獣になったとされる。次の説は、「神の性格の一面を動物に結びつけた」というもの。例えば右上の写真に描かれたイシュタルがライオンを随獣にしているのは、イシュタルは情愛のほかに戦いを守護する好戦的な女神であるため、百獣の王であるライオンを随獣にしたという説である。

　また、古代メソポタミアでは都市どうしが戦争を行い、ある都市が別の都市を征服して支配下におさめるということが普通に行われていた。このとき勝った都市は、負けた都市の守護神から随獣を奪い、自分の崇拝する神の随獣にすることがあるのだ。マルドゥクの随獣ムシュフシュも、マルドゥクを信仰する都市が、このようにして他の都市から奪ったものだとする説が有力である。

> 随獣の種類ハ、神様の性別によっても変わりマス。男性の神の随獣ハ「複数の動物を組み合わせた架空のモンスター」、女神の随獣は「自然界にいる動物」のことがほとんどデス。

> ふーん！　じゃあフェンリルが随獣になるなら、女神様の随獣だねっ！外見はわりとフツーのオオカミなわけだし。なんならわたしのしもべになっちゃえば？　随獣あつかいってことで！

> ば、馬鹿っ！　何言ってんだよ、ただの人間のくせに！みんなに女神様って呼ばれるくらい、すっげえビーストマスターになってから出直してきなっ！

ギリシャのモンスター
Monsters in Greek

ギリシャの神話には、世界中の神話のなかでも
特に多くの物語とモンスターが登場します。
ギリシャ神話の英雄によるモンスター退治の物語は、
14世紀以降のヨーロッパで巻き起こった
「ルネサンス」運動で再度注目を集め、
現代のモンスター文化に多くのアイディアを与えました。

illustrated by C-SHOW

アラクネ

ケルベロス

生息地：ハデス（ギリシャ神話の冥界）　別名：ー　出典：ギリシャ神話

いまいちルーズな地獄の番犬

　「地獄の番犬」という言葉に聞き覚えはないだろうか？　欧州の多くの神話では、死者が向かう世界「冥界」が地下にあり、入り口には人の出入りを見張る番人がいるのだ。ケルベロスは、ギリシャ神話の冥界ハデスの入り口を守る番犬である。

　現在では、ケルベロスは頭が3個あり、尻尾が蛇になった犬で、口からは火を吐くモンスターとして知られているが、古い神話では姿や特徴が大きく違う。いまから約2700年前、紀元前8〜7世紀ごろの神話では、ケルベロスは背中または首から50本の蛇の頭が生えている犬だとされる。また、口から火を吐くという特徴は見られず、ケルベロスの唾液が地面に落ちて、猛毒を持つ植物トリカブトが生まれたという伝承が見られる。ケルベロスの姿はその後も描かれ続け、紀元前5〜4世紀ごろから3つの頭、蛇の尾という姿が定着している。ちなみにケルベロスはテュポン（➡p165）とエキドナ（➡p152）という強力なモンスター夫婦の息子で、ケルベロスよりも頭がひとつ少ないオルトロスという弟がいる。

　ケルベロスの役割は、3つの頭にひとつずつ与えられている。ひとつの頭は冥界ハデス（または黄泉の国タルタロス）を向き、死者が逃げ出さないように見張っている。もうひとつの頭は生きている者が冥界に入らないよう追い払う。最後の頭はトラブルに備えてとっておくのだという。

　ただし神話の物語を見ると、ケルベロスの仕事は「愛する者を復活させたい」という英雄の妨害で失敗しがちである。例えば英雄アイネイアスは巫女の導きで、ケルベロスを薬入りのケーキで眠らせた。愛の神エロスと結婚したプシュケは、夫の愛を取り戻すために冥界をおとずれ、パンでケルベロスをてなずけた。竪琴の名手オルフェウスは、曲を奏でてケルベロスを感動させて冥界の門を通過した。きわめつけは英雄ヘラクレスで、彼は冥界の女神ペルセポネの許しを得たうえで、ケルベロスに格闘戦を挑んで捕縛し、地上に住む王のもとまで連れ出している。

　ギリシャやローマでハ、死んだ人の手にケーキを握らせマス。地獄の門をくぐるときにケルベロスにあげるためでス……あぁ！　ふたりとも、自分で食べるためではないのですヨ。

illustrated by コンすけ

キマイラ

生息地：リュキア地方（トルコ南部）　別名：キメラ　出典：「イリアス」（著：ホメロス　紀元前9〜8世紀）

三獣合体！　合成モンスター！

体の前半分がライオン、うしろ半分が山羊、尻尾が蛇というモンスター。別の資料では胴体全体が山羊で頭部がライオン、山羊の首が背中に生え、尻尾が蛇の頭とする場合もあり、後者の姿が有名だ。口からは炎や熱気を吐き出すことができる。

神話によれば、キマイラはトルコ南部、リュキア地方の火山に住み、怪力と俊足を誇り、人間や家畜を丸呑みにする危険なモンスターだった。だが、この恐るべきキマイラは、とある王妃の浮気という意外な理由で退治されることになる。

ギリシャの都市ティリュンスの王妃は、ベレロポンという勇者に恋心を抱いて誘惑するが、彼は誘惑をはねのけた。怒った王妃は夫たる王に「ベレロポンを殺せ」と迫るが、妻の機嫌は損ねたくないし、自分で勇者を殺すようにしむけるのは嫌だと思った王は、ベレロポンをリュキアの王のもとに送り出して、彼の殺害を依頼したのだ。

リュキア王はベレロポンにキマイラ退治を命じて勇者の死を狙うが、ベレロポンは女神アテナの導きで翼の生えた馬ペガサスを手に入れ、上空からキマイラを攻撃して退治した。戦いの決まり手は資料ごとに一定せず、弓で射殺したというものもあれば、槍で突いたという説もある。ユニークなものとしては、槍の先端に鉛をつけて、キマイラの口に突っ込んだという話もある。キマイラは自分が吐いた炎で鉛を溶かしてしまい、それを喉につまらせて死んだのである。

複数の動物を混ぜあわせた怪物として特に有名なキマイラの名前は、後世にさまざまな使われ方をしている。

キリスト教では、キマイラは「上品な顔で人に近づき、本性をあらわして愛欲の炎で相手を貪り尽くす」として売淫の象徴とされ、娼婦や性的にみだらな女性をキマイラとののしる資料が複数存在する。

現代では生物学の世界で、1体の生物が複数の生物の特徴を持つことや、人間の体内に別種の遺伝子を持つ細胞が共存している状態のことを「キメラ」と呼んでいるのだ。

> キマイラって、リュキア地方の山に住んでる動物を1コにまとめたものだって説があるんだって。山岳地帯の頂上にはライオン、中腹に山羊、ふもとには蛇って感じで……あ、たしかにこの組み合わせになってるね！

illustrated by 竜太

サイクロプス

生息地：シチリア島（イタリア） 別名：キュクロプス 出典：『オデュッセイア』（著：ホメロス 紀元前 8 世紀）、『神統記』（著：ヘシオドス 紀元前 8～7 世紀）

職人としても超一流

　サイクロプスは「ひとつ目の巨人」という非常にわかりやすい外見を持つモンスターだ。創作ではたいてい棍棒などの巨大な武器で武装し、おそるべき怪力で主人公たちを攻撃してくる。このサイクロプスはギリシャ神話由来のモンスターであり、ギリシャ語の発音では「キュクロプス」と呼ぶのが正しい。この名前には「丸い目」という意味があり、彼らの特徴であるひとつの目玉からつけられた名前だ。ギリシャ神話には大きく分けて 2 種類の「キュクロプス」がいる。

　ギリシャ最古の物語のひとつ『オデュッセイア』では、イタリア半島南端のシチリア島とおぼしき島にキュクロプスの一族が住んでいる。彼らは非常に荒々しい性格で、人間を捕らえて食べてしまう。物語の主人公であるオデュッセウスとその一行は、キュクロプスたちに捕まってふたりずつ食べられていくが、オデュッセウスがキュクロプスのリーダーを酒で眠らせてから、ひとつしかない目を潰し、その隙に生き残りの仲間とともに島から脱出したのである。

　神々の時代の神話を描いた『神統記』（紀元前 8～紀元前 7 世紀）では、キュクロプスは当時の最高神である天空神ウラノスと大地の女神ガイアの子供である。彼らは 3 人兄弟で、名前はそれぞれブロンテス（雷）、ステロペス（稲妻）、アルゲス（白光）といった。父ウラノスは異形のキュクロプスを忌み嫌うあまり、彼ら 3 兄弟を死者の国タルタロスに閉じ込めていた。

　のちに彼らはウラヌスの孫である最高神ゼウスに開放されてその部下となり、ヨーロッパを代表する火山、シチリア島のエトナ山の地下に仕事場を与えられ、すぐれた鍛冶の技術でゼウスの雷霆やポセイドンの三叉槍などの武器を作りあげたという。

　このようにキュクロプスたちはあくまで神話上の種族だが、『博物誌』の作者であるプリニウスは彼らを実在の種族だと考えていた。その後もヨーロッパでは、アジアに実在する怪物人種との触れ込みでキュクロプスが紹介され続けている。

> 東の日本っていう国でも、一本だたらっていう鍛冶の得意なひとつ目ヨーカイがいるそうだぜ。鍛冶師って、高温の炎を直接見続ける仕事だからこんなふうに片目が見えない人が多かったらしいぜ。

illustrated by いつきあ

ミノタウロス

生息地：クレタ島(ギリシャ)　別名：アステリオン　出典：ギリシャ神話

牛との恋がミノっちゃう♥

　ミノタウロスは、筋骨隆々のたくましい人間の胴体に、牡牛の頭がついたモンスターだ。創作ではしばしば柄の長い両刃斧を持ち、これを振り回して、ダンジョンに侵入してきた人間たちを蹂躙する。

　この強力なモンスターは、ギリシャ神話にルーツを持つ存在だ。元の伝承ではミノタウロスの肉体はさらに細かく描写されている。獣のようにたくましい肉体に、短いが濃い茶色の体毛。潰れた獣のような醜い顔に、突き出た歯、厚い唇、赤い目、そして長い2本の角、足は鋭い蹄だったという。ただし近年の創作のように両刃の斧は持っておらず、もっぱら素手で敵と戦った。

　ミノタウロスはギリシャ南部のクレタ島に新造された迷宮（ラビリンス）に閉じ込められており、迷宮には9年に一度、ミノタウロスの食料となる若い男女が7人ずつ送り込まれていた。これを命じたのはクレタ島の王ミノスである。実はミノタウロスは、彼の妻パシパエが生んだ子供だったのだ。

　あるときミノス王は海神ポセイドンに祈りを捧げ、神に捧げるための特別な牛を贈ってほしいと願った。ポセイドンはミノス王に、クレタの牡牛という神秘的な牛を与えてこれに応えたが、牛のみごとさに惚れ込んでしまったミノス王は、その牛を生け贄に捧げずに自分のものにしたのだ。怒ったポセイドンは、ミノスの妻パシパエに呪いをかけ、彼女がクレタの牡牛に恋焦がれるようにしてしまった。かくして、牡牛と交わったパシパエはミノタウロスを産み落とすことになったのである。

　ミノタウロスが迷宮に閉じ込められてから数十年後、この怪物は生け贄の男女にまぎれこんだ英雄テセウスに殺害されている。

　現代の創作において、ミノタウロスがたいてい両刃の斧を武器とする理由は定かでない。関連性は不明だが、クレタ島ではラブリュスと呼ばれる両刃斧を、牡牛を生け贄に捧げる神聖な儀式に使っていたことは事実である。

> ミノタウロスの迷宮をつくったのはダイダロスっていう名技士さんなんだって。「ロウで固めた鳥の羽」で、太陽に近づきすぎて墜落したイカロスさんのパパさんだね！

illustrated by 月上クロニカ

ケンタウロス

生息地：テッサリア地方（ギリシャ）　別名：セントール　出典：ギリシャ神話

馬よりすごい！　ハレンチ怪物

　ケンタウロスとは、馬の胴体から、首のかわりに人間の上半身が生えた姿のモンスターである。ケンタウロスは男性のみの種族で、みな非常に乱暴者で、酒と女性に目がない荒くれ者だった。

　この奇妙なモンスター種族は、一説によると神の怒りと復讐によって生まれたという。ギリシャ神話においてはじめて自分の親族を殺した人物、テッサリア王イクシオンは、死後に最高神ゼウスの好意で天界オリュンポスに招かれたが、その恩を忘れてゼウスの正妻ヘラを誘惑するという暴挙を行った。これに怒ったゼウスは、雲をヘラの形に整形したものをイクシオンに与え、この雲とイクシオンが交わって生まれたのが、このケンタウロスという種族なのだ。

　このような呪われた出自を持つケンタウロスは、のちに自業自得によってもともとの住みかを追われることになる。同じくイクシオン王の血を引く人間ラピテス族の結婚式に招かれたケンタウロスたちは、酒に酔ったあげく、出席していた女性をかたっぱしから（花嫁も）強姦しようとしたのである。ラピテス族の怒りを買ったケンタウロス族は、戦争のすえに居場所を追い出されてしまった。

　ケンタウロスとは種族名であり、それぞれのケンタウロスは個人の名前を持っている。なかでも有名なのがケイローンというケンタウロスで、賢者として尊敬を集め、多くの英雄に学問や武術を教えていた。特に音楽、医術、弓術と動物の世話が得意だった。そもそも彼は他の粗暴なケンタウロスとは出自が違い、神々の父クロノスと、森のニンフとのあいだに生まれた半神だと言われている。

　しかし彼は、自分の弟子である勇者ヘラクレスと、ケンタウロス族との戦いに巻き込まれ、不幸にもヘラクレスの必殺武器「ヒュドラの毒を塗った矢」の流れ矢に当たってしまった。毒の力で激しく苦しみ、半神なので死ぬこともできないケイローンは、自分の命を他人に譲り渡すことで苦痛から解放されたという。

> ギリシャ神話の最高神ゼウスはケイローンを星座に変えたんだけど、どの星座かがはっきりしないんだよな。ケンタウロス座っていうそのまんまな名前の星座もあるし、射手座って説もあるぜ。

illustrated by 蘇芳サクラ

生息地：リュディア地方（トルコ）　別名：アルケニー　出典：ギリシャ神話「変身物語」（紀元前1世紀）　著：オウィディウス

女神に負けない！　織物の女王蜘蛛

　蜘蛛という生物は、不気味な姿かたちから怪物として恐れられる一方、糸を吐き巣を作る性質から、織物の神としてあがめられるなど、神秘的な生物とされる場合もある。蜘蛛は神とモンスターの中間に位置する存在なのである。

　英語では蜘蛛の仲間のことを「arachnid」と呼ぶが、この名前の語源となったのは、ギリシャ神話の蜘蛛のモンスター「アラクネ」である。日本では「アルケニー」の名前でも知られている。一般的に、アラクネは蜘蛛のような六本足を持つ裸体の人間女性として描かれることが多い。

　アラクネは人間の貧農の娘で、機織りの才能に恵まれた美少女だった。しかし自分の機織りの技術にうぬぼれるあまり、ギリシャ神話の技術と知恵と戦いの女神「アテナ」と機織り勝負をしても負けないと公言してしまった。ギリシャ神話では、人間が神々を馬鹿にするような発言をするのは重大なタブーで、それだけで殺される例も多いのだが、あろうことかアラクネは実際にアテナと織物勝負を行い、神々の不倫を暴露するような絵柄の織物を織りあげてしまう。しかもそのできばえは、技術の女神アテナにも文句がつけられない完璧なものだったのだ。

　怒ったアテナはアラクネの作品を引きちぎり、梭という機織りの道具で彼女の額を叩いた。絶望したアラクネは首つり自殺するが、アテナは彼女の命を助け、その姿を蜘蛛に変えた。アラクネの美しかった耳や鼻は取れ、頭も体も小さくなり、脇腹の細い指が足になり、この外見は彼女の子々孫々にわたって続くのである。これ以降アラクネは、たえず自分の吐き出す糸をつむぎ、織物を続けることになったという。

　アテナがアラクネを蜘蛛のモンスターに変えた動機には定説がない。ある物語では「自分より優れた織物を作ったことへの嫉妬」だとし、別の物語は「自殺したアラクネを哀れに思ったから復活させてやった」とされている。しかし後者だとすれば、蜘蛛の姿で復活"させてやる"というのは、なんとも皮肉に満ちた対応である。

> アラクネさんって、作った布がきれいなだけじゃなくて、布を織ってる姿そのものがきれいだって大評判だったらしいよ。お仕事してる姿がきれいってあこがれちゃうなー！

illustrated by 原之

スパルトイ

生息地：テーバイ（ギリシャ）　別名：播かれた男たち（Sown men）、黄金の冠をつけた種　出典：ギリシャ神話

生身の戦士がガイコツ騎士に

　世界のファンタジー作品では、最強のモンスターであるドラゴンの歯から兵隊が作られる。「竜牙兵(ドラゴントゥース・ウォーリアー)」などと呼ばれるこの兵士は、地面に埋めたドラゴンの歯が変化した、骸骨の姿の兵隊である。

　このモンスターの発祥は、ギリシャ神話に登場するスパルトイという兵士たちだ。強力な戦士である英雄カドモスは、自分の従者を残らず食べてしまったドラゴン（ただしギリシャのドラゴンは蛇に近く、手足がない）と戦い、岩と槍を投げつけ、剣でとどめを刺した。するとそこに英雄の擁護者である女神アテナが出現し、ドラゴンの歯を地面にまくよう告げたのである。

　カドモスが女神の指示どおりにすると、武装した男たちが地面から生えてきて、そこにカドモスが石を投げつけると、男たちは自分たちの内の誰かが攻撃してきたのだと勘違いして同士討ちをはじめ、最後に5人が生き残った。カドモスは彼らを家来としてテーバイという都市を築き、そこの王となった。古代都市テーバイの国民は、みなこのときドラゴンの歯から生まれた戦士の子孫だったのだという。

　この伝承からもわかるように、本来スパルトイとは肉を持った人間として神話伝承に登場した。ではなぜ、この神話を参考にして生まれた現代ファンタジーの竜牙兵は、骸骨の姿をしているのだろうか？

　その答えは、意外なことに映画にある。1963年に公開されたファンタジー映画『アルゴ探検隊の大冒険』は、ギリシャ神話の物語『アルゴ号の探検』を題材にした作品だが、この物語で地面にまかれたのは、英雄ヘラクレスが倒したという多頭の大蛇ヒュドラの歯であり、本来のギリシャ神話で歯をまいたカドモスではなく、物語の主人公イアソンが地面に歯をばらまいた。そして地面から生えてきたのは、完全武装した骸骨の兵士だったのである。この映像が世界の視聴者にインパクトを与え、竜牙兵というモンスターが世界中の作品に登場することになったのだ。

> 『アルゴ探検隊の大冒険』ハ、人形をすこしずつ動かして1コマずつ撮影するという方法で撮影されていル。
> とっても手間のかかる撮影技術。

ギリシャのモンスター

illustrated by NPA

ギリシャのゴーレム「タロス」

> あれー？　どうしたのゴーレム！　おめかししちゃって！
> もしかしてデート！？　デートなの？　どうなの〜！

> ゴーレムのようナ「無機物で作られた人型生物」とても少なイ。
> 今日は数少ない同類「タロス」に会いにいク。
> めったにないことなのデ、身だしなみを整えていル。

> うわぁ！　適当に言ったらなんか近かった！
> それじゃいってらっしゃい！　おみやげはギリシャのイチジクでいいよ！

> なるほどなー。そういえばウチら北欧神話には、そういう石とか金属とかでできた人間っていたかな……いなかった気がするや。

　制作者の命令に絶対服従するゴーレムときわめてよく似た存在が、ギリシャ神話にも登場している。その名前は「タロス」。ギリシャ神話の鍛冶の神ヘパイストスが作った青銅製の巨人である。

　この巨人が画期的なのは、のどの部分からくるぶしの部分まで一本の血管が通っていて、そのなかが特製の血液で満たされていることである。このためタロスは、単なる命令を反復するだけの存在ではなく、ものを考えて判断できる思考能力が与えられているのである。

　疲労を知らず、武器を受け付けない肉体。侵入者が船で近づけば大岩を投げつけてこれを撃沈し、自分に近づく者があれば、体を赤熱化させてから抱きつくことで焼き殺す。このようにタロスはきわめて強力な見張り役だった。この像を造らせた最高神ゼウスは、自分の愛人エウロペの住むクレタ島にタロスを配置した。タロスはゼウスの命令を忠実に守り、エウロペと3人の息子を守っていたのだ。

◆　無敵の巨人タロスの敗北　◆

　長いあいだクレタ島を守り続けてきたタロスの敗北は、実にあっけなくおとずれた。

　英雄たちの冒険船として有名な「アルゴー号」がクレタ島に寄港しようとしたとき、タロスの投石で追い返された彼らは、魔女メデイアの魔法の歌で（青銅のロボットであるはずの）タロスを生涯はじめて眠らせてクレタ島に上陸。そのあとタロスのかかとに差してある青銅のピンを抜いてしまった。

破壊されたタロスを描いた壺絵。イタリア、Jatta国立考古学博物館蔵。

　このピンはタロスの血管の栓であり、これを抜かれたタロスは血液を失って、ただの青銅のスクラップになってしまったのである。

北欧のモンスター
Monsters in North Europe

ノルウェー、スウェーデン、フィンランドなどの北欧地方は、
「北欧神話」という独自の神話や、各地方の民間伝承が
比較的最近まで生き残っていました。
これらの神話伝承には、厳しい自然に育まれた動物系、
巨人系のモンスターが多く登場します。

illustrated by C-SHOW

ダークエルフ

ダークエルフ

生息地：ダンジョン、深い森など　別名：ドラウ　出典：「北欧神話」
「Dungeons & Dragons」

お肌の黒さは悪い子の証

　ファンタジー作品において、エルフとは人間と友好的、あるいは俗世間と関わらないように生きる中立的な立場で描かれることがほとんどである。しかしエルフにも種族があり、なかには人間と決して相容れない敵対種族として登場する場合もある。彼らはファンタジーの敵役として有名なゴブリン（➡p116）などと同じように、独自の社会を作りながらも人間を敵、あるいは獲物としか見ていない邪悪な種族である。色白なエルフとは対照的な黒い肌を持つ彼らを、創作では「ダークエルフ」と呼んでいる。ダークエルフの住む場所は作品ごとにまちまちだが、まがまがしい雰囲気を放つ深い森や、地下の洞窟の中に住んでいるとする作品が多い。

　多くの作品で、エルフは人間よりもかなり寿命が長く、身体的にも精神的にも人間より優れた種族だとされている。ダークエルフも同様で、すぐれた戦士や魔法使いを輩出する。地下に住むダークエルフは暗視能力を持っている場合も多く、暗闇から音もなく襲いかかるダークエルフの戦士は、地下迷宮に挑む探索者たちにとって大きな脅威となっている。

　また、ダークエルフの女性は性的に奔放で、エルフよりも豊満な肉体を持つという共通認識があり、そのセクシーな外見はしばしば青年以上を対象としたファンタジー作品で読者の目を楽しませている。

ダークエルフの発祥とその後

　肌が黒くて邪悪なエルフという概念をはじめて紹介したのは、アメリカのRPG『Dungeons & Dragons』である。『D&D』ではダークエルフという言葉も使うが、彼らの正式な種族名である「ドラウ」という名前を使うことのほうが多い。

　ドラウたちは地下世界アンダーダークに都市国家を築いている支配階級の種族で、漆黒の肌と白い髪を持ち、多くのモンスターや悪の種族を奴隷として従えている。魔術や戦闘はもちろんのこと、なによりも謀略に長けた種族で、地下世界ではつねにダークエルフの貴族どうしの政治的暗闘が繰り広げられている。彼らのなかには地上に興味を持たず、人間と関わらないものも少なくないが、そうでないダークエルフはしばしば

北欧のモンスター

illustrated by 誉

地上に向かい、無力な人間たちを襲って略奪を楽しむという。
　『D&D』が構築したダークエルフ像はその後の多くの作品に導入され、わが日本にも広まった。だが日本のダークエルフと本国アメリカのダークエルフには決定的な違いがひとつある。アメリカのダークエルフは、通常の人類ではありえない真っ黒な肌をしているが、日本のダークエルフは褐色の肌をしているのである。
　日本のダークエルフが褐色の肌になった原因は、『Dungeons & Dragons』を日本に紹介する過程で生まれた、水野良の小説『ロードス島戦記』（1988年）がOVAとしてアニメ化されたとき、敵役の騎士のパートナーとして登場したOVAオリジナルのキャラクター、ダークエルフの女戦士「ピロテース」が褐色の肌で描かれ、人気キャラクターとなった影響が大きい。
　オリエンタルな魅力を持つ美女として描かれたダークエルフは世界的にも人気を集め、近年のファンタジー作品では、ダークエルフが人間の味方になる作品が多くなっている。このような作品では、エルフが森に隠れ住む高慢で閉鎖的な種族とされる一方、ダークエルフは都市に住む気さくな種族と設定されるなど、これまでの人間との関係に逆転現象が見られることもある。

神話や先行作品におけるダークエルフとは？

　肌が黒く邪悪なエルフである「ダークエルフ」をはじめて紹介した『Dungeons & Dragons』は、J.R.R.トールキンの『指輪物語』をおおいに参考にし、トールキンは北欧神話やイギリスの伝承などにヒントを得て作品を生み出した（➡p140）。では北欧神話やトールキン作品には、ダークエルフはいないのだろうか？
　北欧神話には、いわゆるエルフに相当する種族「アールヴ」がおり、光の属性を持つ「リョスアールヴ」と、闇の属性を持つ「スヴァルトアールヴ」に分かれている。この「スヴァルトアールヴ」がダークエルフだといえなくもないが、神話によれば彼らは、別名をドヴェルグといい、鍛冶が得意な種族と位置づけられている。つまりスヴァルトアールヴは、ダークエルフよりドワーフに近い存在なのである。
　トールキンの世界にも、「邪悪な心を持ち黒い肌を持つエルフの種族」は存在しない。エルフのなかには闇のエルフ「モリクウェンディ」と呼ばれるグループが存在するが、これは神話の時代に「2本の木」という神秘的な樹木を目撃した者とそうでない者を分ける分類法であり、闇のエルフが邪悪だというわけではない。
　トールキン世界でダークエルフに相当する種族は、のちにファンタジー作品で定番の悪役になる「オーク」（➡p108）というモンスター種族である。彼らは、悪の首領モルゴスに捉えられたエルフたちが、暗い闇の牢獄で激しい拷問を受けているうちに精神的苦痛から肉体が変質し、肌は灰色に、手からはかぎ爪が生え、日光を嫌う愚かなモンスターになりはててしまったのだ。

> ちなみに肌の色だけじゃなくって、エルフの耳が長い葉っぱみたいになったのも『ロードス島戦記』の影響だっていわれてるぜ。いまじゃ日本以外でも長いエルフ耳が花盛りなんだからすげーよなー！

ファンタジーの"亜人種"

> あーちょっと質問ー！ さっきから有名なモンスターにたくさん会えるのはいいんだけど、エルフとかドワーフとかには会いに行かないの？

> だって、あいつらモンスターじゃないだろ？
> あのプライドの高いエルフやドワーフが、モンスターと物の貸し借りをするなんて聞いたことないぜ。

> たしかに言えていまス。
> ですガ、モンスターにだけ会って、それ以外は無視というのはもったいないでス。ベスカが興味を持っているうちニ、亜人についても教えましょウ。

　ファンタジー作品では、人間とよく似た外見だが、一部の外見などに違いがある種族を「亜人」と呼んでいる。ケンタウロス（➡p70）やゴブリン、コボルト（➡p106）などが亜人に含まれるが、このページでは、亜人のなかでも人間と敵対することが少なく、いわゆるモンスター扱いを受けない3種類の亜人を紹介する。

エルフ ～森に住む気高い狩人～

　森のなかに独自の文明を築いて暮らす、非常に長命な種族。耳がとがり、美形ぞろいであること以外は人間とほぼ同じ外見である。得意な武器は弓や細身の剣で、魔法を使いこなす者も多い。彼らは北欧神話の「アールヴ」という妖精族に、トールキンが独自の肉付けを行ったものである。

ドワーフ ～鍛冶師にして戦士～

　北欧神話の「ドヴェルグ」という、地下に住む妖精族を、トールキンが地下に住む独自の種族としたもの。身長こそ低いものの非常にたくましい肉体の持ち主で、鎧を着込んだ重戦士となる適正がある。また手先が器用で、鍛冶師として働けば右に出る種族はいないという。

ホビット ～陽気な小人たち～

　トールキン作品に登場する小柄で身軽な種族。手のひらと足の裏に毛が生えているのが特徴。陽気なお祭り好きで、好奇心旺盛なことで有名である。ちなみにホビットという名前はトールキンのオリジナルのため使用できず、他作品ではよく似た特徴を持つ「グラスランナー」「ハーフリング」などが登場している。

> エルフって、亜人のなかでもかなり特別あつかいなんだよ。だいたいどの作品でも、エルフと人間は子供を作れるんだぜ。その子供はだいたい人間とエルフの中間みたいな外見になって、ハーフ・エルフって呼ばれてるな。

トロール

生息地：北欧　別名：トロル　出典：北欧の民話伝承

なんべん切っても効きません！

　ファンタジー作品には巨人型のモンスターが数多く登場するが、そのなかでもトロールは独特の能力を持っている。このモンスターの肉体には再生能力があり、受けた傷が人間とは比較にならない速さで自然治癒してしまうのだ。なかには普通なら死亡するような傷を受けても、時間が経てば復活するとする作品すらある。彼らの再生を止めてとどめを刺すには、傷口を炎で焼いて再生不可能にしなければいけない。これはギリシャ神話の英雄ヘラクレスが、何度切っても新しい首が生えてくる多頭蛇ヒュドラとの戦いで使った方法と同じである。

　トロールはもともと、北欧の民間伝承に登場する存在だが、後世の創作とは特徴が大きく異なる。体の大きさは巨大な怪物と小柄な妖精の2種類がある。大柄なほうのトロールは毛深くて醜く、邪悪な性格である。小柄なほうのトロールは、財宝で埋め尽くされた宮殿に住み、気に入った人間には富と幸運をもたらすが、そうでない人間からは子供や女性をさらって目玉や心臓を抜き取ったり、金品を奪うとされている。日光に当たると石になってしまうのが弱点である。

　現代モンスター文化の父と呼ぶべきトールキンの『ホビットの冒険』（1937年）では、トロールは巨人として登場し、太陽を浴びると石化するという弱点を伝承から引き継いだ。その次の作品『指輪物語』（1954年）では、冥王サウロンが生み出したトロールの上位種オログ＝ハイが登場。太陽光を浴びても石化しないようになっているが、ここでも再生能力は持っていない。

　トロールの再生能力がはじめて紹介されたのは、一説によると、アメリカ人作家ポール・アンダーソンのファンタジー小説『Three Hearts and Three Lions』（1961年）だとされている。この設定がゲーム界におけるファンタジーブームの火付け役、RPG『Dungeons & Dragons』で紹介されたことで一気にメジャーになり、以降トロールといえば再生能力とともに語られることになったのである。

> 『D&D』に影響を受けて作られた「テーブルトークRPG」のひとつ、『ルーンクエスト』の背景世界グローランサでハ、トロールは金髪美形で頭がよく身体能力も高イ、作品の最強種族のひとつでス。

北欧のモンスター

illustrated by ふみひろ

フェンリル

生息地：アースガルズ？　別名：ー　出典：北欧神話「ギュルヴィたぶらかし」、「巫女の予言」他

お口を「あ〜ん」で天までとどけ!

　北欧神話に登場する巨大で邪悪な狼「フェンリル」は、狼をモチーフにしたモンスターのなかでも特に有名で強力な存在だ。口を開けば上あごは天まで届き、北欧神話の最高神オーディンを丸呑みにして殺してしまった、恐るべき実力者である。

　フェンリルは、北欧神話を代表するトラブルメイカーの神ロキが、女巨人アングルボザに産ませた三兄弟の長子である。あとのふたりは、世界を取り囲む巨大な海蛇ヨルムンガンドと、のちに冥界を支配することになる死の女王ヘルだった。

　産まれたばかりのフェンリルは、一般的な狼と変わりなく、特に注目を集める存在ではなかった。しかし「アングルボザの子供たちが神々に災いをもたらす」という予言が下ったため、神々はこの三兄弟に危機感を持つようになる。神々はヨルムンガンドを海に投げ捨て、ヘルを「冥界の女王」に任じて地下に放逐。フェンリルは神々の世界アースガルズに連れ出し、監視下に置くことにした。

　フェンリルは神々の監視下で、巨大な体格、どう猛な性格に成長していった。神々はフェンリルを縛りつけて幽閉しようとするが、その怪力はどんな固い鎖も引きちぎってしまう。そのため神々はフェンリルをだまし、グレイプニルという魔法のヒモでフェンリルを縛りつけ、二度と噛みつけないよう口の中に剣を入れて幽閉したのだ。だが、北欧神話の世界を終末に導く最終戦争「ラグナロク」においてこの縛めは解け、フェンリルは最高神オーディンを喰い殺し、その息子ヴィーザルに討たれる運命となっている。

　なお、フェンリルがグレイプニルで縛られた事件について、悲劇的な物語が伝わっている。「力試し」と称して自分を奇妙なヒモで縛ろうとする神々を警戒したフェンリルは、神々の誰かが自分の口の中に手を差し入れない限り、自分を縛ることを許さないと宣言した。これに応じたのは、これまで飼育係としてフェンリルに餌を与えていた天空神ティールだったのだ。神々はフェンリルを裏切り、フェンリルはやむなく恩義あるティールの腕を食いちぎることになってしまったのである。

北欧のモンスター

> 最近の創作には「氷の属性のモンスター」として登場することが多いけど、なんでだ？　母さんが「霜の巨人」だから？　それとも縛られてた場所が「地下の寒い世界」だったってされたりするからか？

illustrated by 久彦

北欧神話のモンスター

> フェンリルさんフェンリルさん！ お届け物なのデス！
> 世界樹ユグドラシルより、フェンリルさんへお手紙の配達なのデス！

ラタトスク

北欧神話の舞台である、世界樹ユグドラシルをまたにかける郵便屋さん。リスの姿のモンスターである。趣味は伝言ゲームの内容をねじまげること。

> おー、お疲れ！
> （ぺりぺり）なになに……なるほど、北欧のモンスターたちのところには、あの古文書は届いてないってよ。

> くー！ 駄目か〜！ 残念‼ しょうがない、次行ってみようか。
> ところでフェンリル、なんで手紙なんか使ったの？ どうせほかのモンスターたちにも会うんだから、直接行ってもよかったのに。

> あー、いやさ、実は北欧神話のモンスターってさ。
> あんまりモンスターっぽくない外見のやつが多いんだよ。でかい動物とか。そういうのに会わせてもしょうがねーなーって思って……。

> フェンリル、意外と細かいことヲ気にするのでス……。

◆ 北欧神話の代表的なモンスターたち ◆

ニーズヘッグ ……… 黒い体の有翼**ドラゴン**。世界樹ユグドラシルの根をかじる。
ファフニール ……… 堅い鱗に覆われた**ドラゴン**。柔らかい腹部が弱点。
フレースヴェルグ … 羽ばたきで、この世界に吹く風を生み出す大きな**ワシ**。
スレイプニル ……… ８本の足を持つ**馬**。誰よりも速く、天と地と水中も駆ける。
スコルとハティ …… 太陽と月を追いかけ、日蝕と月蝕を起こす**オオカミ**。
グリンブルスティ … 豊穣神フレイに付き従う、天地を駆ける黄金の**イノシシ**。
ヘイズルーン ……… 乳首から際限なく酒を吹き出す**ヤギ**。
ヨルムンガンド …… 人間の大陸ミズガルズの周囲をぐるりと囲む巨大**海蛇**。
ガルム ……………… 死者の住む冥界ヘルヘイムの入り口を守る**番犬**。
フレキとゲリ ……… 最高神オーディンのために世界を飛び、情報を集める**カラス**。

博物誌のモンスター
Monsters in "Naturalis Historiæ"

いまから約2000年前、
古代ローマ帝国の軍人にして学者だった"大プリニウス"は、
彼が知る限り世界中の地理、動物、植物、医術、文化芸術を
まとめた超大作『博物誌』をつくりあげました。
この本で紹介された動植物にはモンスターじみたものも多く、
後世の民話や創作でおおいに広められたのです。

illustrated by 皐月メイ

ユニコーン

生息地：インド　別名：ー　出典：『インド誌』（著：クテシアス　紀元前5世紀）

白く美しい一角獣の本性は？

　ユニコーンとは、額から一本のねじれた角が生えた馬のことである。その角には癒しの力が宿っていると信じられていた。ヨーロッパでは特に有名なモンスターで、気高く美しい幻獣として広く愛されている。

　現代の人々がユニコーンと聞いて想像するのは、グレートブリテン王国（イギリスのこと）の国章に描かれているような、白い体に金の角と金のたてがみを生やしたユニコーンであろう。しかしユニコーンの起源は、数あるモンスターのなかでも特に古く、描写の内容も時代ごとに様変わりしている。もっとも古くユニコーン

イギリスの国章。左側にライオン、右側にユニコーンが描かれている。

を紹介した書物は、古代ギリシャの医師にして歴史家であるクテシアスが、インドで見聞きしたものをまとめた『インド誌』である。この本でユニコーンは、胴体全体が白く、頭が緋色、目が紺色で、額に長い角が生えたロバだと紹介されており、その角は先端が深紅、中間は黒く、付け根の部分は白いという。

　古代ローマの博物学者プリニウスの『博物誌』では、ユニコーンは額から黒い角を生やし、胴体は馬、頭は雄鹿、足は象、尻尾はイノシシに似ているという。

　古代ペルシアの伝承では、黄金色の角を持つユニコーンが登場し、6つの目と9つの口を持っているとされている。

　このように多彩な色と姿で語られるユニコーンだが、額に1本の角が生えているという基本だけは変わっていない。そもそもユニコーンという名前は、ラテン語で角を意味する"Cornus"に、ひとつという意味の"Uni"を加えたものなのだ。

ユニコーンの角が持つ力

　ユニコーンの角は「アリコーン」と呼ばれ、癒しの力があると信じられていた。ユニコーンを初めて紹介した『インド誌』では、ユニコーンの角の杯で酒を飲む者は、体が痙攣したりかんしゃくを起こすことがなく、もし杯に毒入りの酒がつがれると、杯はただち

に割れて毒の存在を知らせてくれると書かれている。

　古代ペルシャのユニコーンの角は、触れる物すべてが腐食しなくなるとされていた。また初期キリスト教に影響を受けた博物書『フィシオロゴス』には、蛇の毒に汚染された湖を、ユニコーンが角で水面に十字を切ることで浄化するという物語が紹介されている。そして中世の伝説では、あらゆる病気を治す万病の薬だと信じられていた。貴族たちはユニコーンの角を買い集め、角を持っていることを自慢した。ときには1万ポンド（金貨3万枚）という非常に高い値段で取引されることもあり、貴族自身の毒殺防止などにも利用されていた。そして平民たちもあらゆる病を治すとされるユニコーンの角で汲んだ水を求めたという。

　もちろん、実在しない動物であるユニコーンの角が現実に存在するはずもない。実際には、これらヨーロッパの市場に出回っていたユニコーンの角の正体は、「イッカク」と呼ばれる小型の鯨からとれる巨大な前歯や、ユニコーンの長い角とは似ても似つかない、セイウチの牙であることが多かったようだ。

女好きの一角獣

　現代人のわれわれは、ユニコーンに美しく優雅なイメージを持っているが、実際の伝説に紹介されているユニコーンは、決して優雅で優しい獣などではなかった。ユニコーンは非常に残酷かつどう猛で、しかもプライドが高いので、捕らえることは困難で、たとえ捕らえたとしても、人間に捕らえられた悲しみのあまり死んでしまうという。

　ユニコーンが唯一心を許すのは、純潔な処女だとされている。乙女の純潔さに惹かれたユニコーンは、喜んで乙女の膝に頭を預けるのだ。底意地の悪いわれわれ人間は、この性質を利用し、乙女に惹かれて頭を預けにきたユニコーンの角を、乙女自身が折ってしまうことで、生きたユニコーンから角を入手するのだという。

『貴婦人と一角獣』

　ユニコーンを題材にした美術作品の中でももっとも有名なものが『貴婦人と一角獣』と呼ばれる連作のタペストリーである。タペストリーは「触覚」「味覚」「嗅覚」「聴覚」「視覚」という人間の五感を表す5枚と、「我が唯一の望み」と題される1枚の計6枚によって構成され、いずれも女性とユニコーンなどの動物が描かれた絵柄である。

6連作のタペストリー『貴婦人と一角獣』の6枚目「我が唯一の望み」。現在ではこの1枚は、愛、結婚、献身などを意味すると解釈されている。フランス国立クリュニー美術館蔵。

中世ヨーロッパでハ、ユニコーンをピンチの動物を助けに来る「救世主」だと考えテ、人間の救世主イエス・キリストと対比させて紹介することが流行しましタ。……ずいぶん助平な救世主でス。

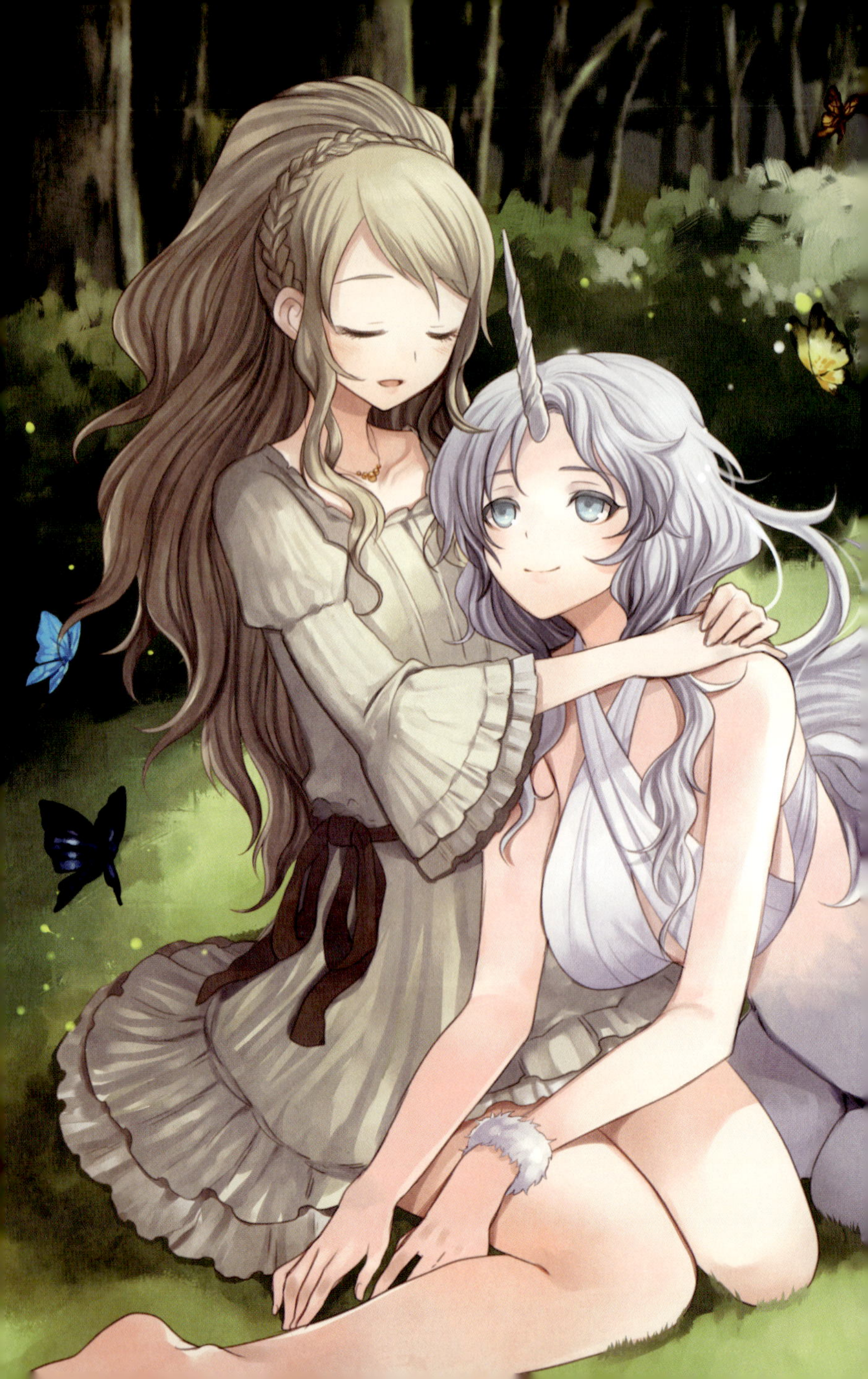

illustrated by 原之

マンドレイク&アルラウネ

生息地：ヨーロッパ南部／ドイツ　別名：マンドラゴラ／アルルーナ　出典：『博物誌』など／ドイツの民間伝承

キレイな花には毒がある！

　マンドレイクとアルラウネは人型をした植物のモンスターである。普段は地面に埋まり、頭から生やした葉や花を地上に伸ばしているが、引き抜こうとすると恐ろしい叫び声をあげて、その声を聞いた者をみな殺してしまう。実は、人間に見えた部分はこの植物の根であり、地面から引き抜かれることを嫌って殺人的な叫びを放つのである。創作の世界では、この人型の部分がまるで動物のように動き回ることもあれば、意志を持って会話する場合もあるようだ。本体から生えているつる状の部分で人間を攻撃し、絞め殺してしまう者もいる。

　マンドレイクとアルラウネは本質的には同じ存在であり、どちらもヨーロッパに古くから自生するナス科の植物がモンスターだとみなされた存在である。その植物は現在でもマンドレイク、マンドラゴラなどの名前で呼ばれている。

　日本でも根っこが二股に分かれて人間のように見える大根がみつかってニュースになることがあるが、マンドレイクの根もこのように二股になることが多く、独特のねじくれた形状もあって、非常に高い確率で人型に見えるのである。このマンドレイクの根っこには、有毒植物として日本でも有名なトリカブトと同系統の、アルカロイドという有毒物質が大量に含まれることから危険な植物として知られ、その外見とあいまって、引き抜くと叫び声をあげる伝承が生まれたと思われる。

薬用植物から植物モンスターへ

　マンドレイクは古くから薬用植物として知られていた。紀元前30世紀の中東に住んでいたシュメール人が、この植物を鎮痛薬として使っていたのが最古の記録である。あのエジプトの女王クレオパトラも利用していたというし、プリニウスの『博物誌』では、マンドレイクが目薬、麻酔薬、嘔吐薬に加え、鬱屈した心を覚ましてくれる薬草だとしたうえで、白いものが雄株で、黒いものが雌株だとする。また、マンドレイクの根は人の形でなければ男性器にも見えるということから精力剤としても珍重されていた。旧約聖書には、イスラエルの最初の民であるヤコブのふたりの妻が、マンドレイクをどちらが利用するかで争いを起こしている。

illustrated by 四электро

だが時代が進むにつれて、マンドレイクは前述の理由から、ただの薬用植物ではなく奇怪なモンスターと信じられるようになっていく。叫び声をあげて聞いた者を殺すという伝承のほか、根や葉から発する匂いをかぐと言葉がしゃべれなくなるとか、マンドレイクの正体は自然の霊であり、赤い男女の姿をしているというものである。また、より不吉な想像としては、マンドレイクは絞首刑(こうしゅけい)になった罪人の精液から生えてくるもので、絞首台(こうしゅだい)の下で育つという伝説がまことしやかに語られていた。

　中世ヨーロッパや中東では、マンドレイクを安全に採取するために、巧妙な収穫方法が考案されたという。入念に飼い慣らした犬をマンドレイクと紐で結んで「待て」と命じておく。そして十分に離れてから、犬に餌を見せてこちらに呼ぶのだ。犬は勢いよく走り出し、紐でマンドレイクの根を引き抜くと同時に叫び声で死んでしまう。そのため中世の薬屋は、マンドレイクを犬の死体とセットで売り、この方法で収穫された本物のマンドレイクだと信じさせて高値で販売したという。

　別の伝説では、罪人の精液から生じたマンドレイクは人間の姿をとることができ、それを使用して予言を行うことができるともされた。その場合、マンドレイクの根は金曜日の朝、夜明け前に引きぬいてよく洗い、蜂蜜と血と牛乳をまぜたものに漬けておく必要があるといわれた。

マンドラゴラの花と実。モンスターとしてのマンドラゴラは、しばしば頭にこれらの葉と花、実をつけた姿で描かれる。撮影者:tato grasso／Carstor

アルラウネおよび類似のモンスター

　アルラウネはマンドレイクの亜種で、ドイツでこの植物を呼んだ名前である。ヨーロッパの伝説や近代の創作では、アルラウネは女性の姿を取ることが多い。ドイツの古い神話にはアルラウネという名前の女デーモンが登場するというが、これとアルラウネの性別に関係があるのかどうかは不透明だ。また、宿主を絞め殺して育つつる草のことをアルラウネと呼ぶこともある。マンドレイクという植物はつる植物ではないから、これは明らかに別の伝説であろう。

　ほかにも12世紀ドイツの文献で、植物の根から生まれる人間そっくりの生物「ヤドゥア」が、古代ギリシャの物語『オデュッセイア』ではマンドレイクと同じ植物だとされる「キルケーの草」が紹介されるなど、マンドレイクは古くから現実伝承を問わず注目される植物だったようである。

『ハリー・ポッター』にもマンドレイクが出てたよ！　若いマンドレイクなら気絶ですむって言って、耳栓した人間が引っこ抜いてた。あとマンドレイク本人もかなり元気にかけ回ってたね。

人間を食べる!? 食人植物

声を聞いただけで死んじゃうなんて、植物のモンスターってやばいよ〜っ！……ええっ、「自分から人間を食べにくる植物モンスター」までいるの!? もうやだーっ！

◆ マダガスカルの木 ◆

　食人樹木という概念を世間に知らしめたのは、19世紀末、ドイツ人探検家カール・リッヒェが紹介したとされる「マダガスカルの木」という植物である。アフリカの南東に浮かぶ巨大な島「マダガスカル島」の現住植物で、木の幹から無数の触手が生えたような外見をしている。マダガスカルの部族のひとつが、この樹木を神に人身御供を捧げる儀式に使い、この木に生け贄の女性を与えて絞め殺させる場面が紹介された。しかし現在では、カール・リッヒェという探検家は実在せず、この木の伝説もねつ造だったことが明らかになっている。

◆ トリフィド ◆

　小説『トリフィドの日』（ジョン・ウィンダム、1951年）に登場するトリフィドは、遺伝子操作で生み出された、3本足で動き回る肉食植物である。上部にある毒のトゲがついた触手を振り回して動物を殺し、その腐乱死体を養分とする。

　トリフィドからは良質の油が採取でき、先端にある毒の触手さえ定期的に切除しておけば無害なので、油を取る作物として注意深く栽培されていた。しかし人類の大半が謎の流星雨のせいで盲目になると、管理が行き届かなくなったトリフィドは、それまで定期的に切除されていたはずの触手を使って人間を襲うようになった。地球は人間ではなくトリフィドが支配する世界になってしまったのである。

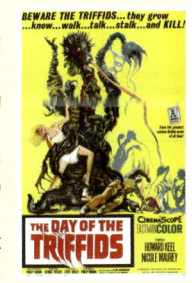

　作中では、主人公の推測として、トリフィドが知性を持っていること、トリフィドどうしが何らかの方法で意思疎通をしていることが書かれている。

1962年に公開された映画版『トリフィドの日』のポスター。人間を襲うトリフィドの姿が描かれている。

◆ クリノイド ◆

　イギリス、BBCのテレビドラマ『Dr.who』シリーズに登場した、高さ10メートルの巨大な草。地面を歩いて自在に動き回ることができる。木の幹のような本体部分からは、長さ30メートルの触手が不規則につきだしており、その先端は吸盤になっている。成熟すると胞子を放出し、これが人間に寄生すると宿主を作り替えて新たなクリノイドにしてしまう。

　この草の正体は外宇宙から地球にやってきた外来生物である。北極の氷から発掘されたクリノイドの苗は、成長すると地球上の植物に、「人間を殺せ」とけしかけたが、最後は軍隊の爆撃によって処分された。

マンティコア

生息地：インド、エチオピア　別名：マンティコラ、メメコレオウス　出典：『インド誌』（著：クテシアス　紀元前5〜4世紀）、『博物誌』など

逃げる獲物に毒針シュート！

　マンティコアは、ギリシャおよびローマで紀元前から知られていた人食いモンスターである。最古の記録は紀元前5世紀ごろの『インド誌』という文献で、インドの森に生息する土着のモンスターとして紹介されている。その後も『博物誌』などの、古代ヨーロッパにおける権威ある文献で紹介されており、このモンスターがヨーロッパで広く知られていたことがうかがえる。

　マンティコアの外見は、体の基本パーツはライオンと同じだが、顔と耳は人間のようで、目は青く体は朱色。歯はまるでサメの歯のように3列並んでいる。最大の特徴は尻尾で、マンティコアはこの尻尾をサソリのように使って敵を刺すことができる。尻尾の先端には1本あるいは無数の毒針が生えていて、マンティコアはこれで敵を直接刺すことも、針を発射して遠くを攻撃することもできるのだ。さらにはきわめて速く走ることができ、声は笛とラッパを同時に鳴らしたような音だが、人間の声を真似ることも可能だという。多彩な能力をそなえた強力なモンスターである。

　さらに、16〜17世紀に活躍したイギリスの動物学者エドワード・トプセルが著書『四足獣誌』で説明するところによると、マンティコアの尻尾の針は「抜けても新しいものが生えてくる」。そのためインドの人々は、マンティコアを捕らえると、まず尻と尻尾を痛めつけて針が出せないようにするのだという。ちなみに近年の創作では、マンティコアの背中にはコウモリのような翼が生えていることが多いが、本来のヨーロッパの伝承では、マンティコアに翼は生えていない。

　このモンスターの本当の正体は、インドやイランの森に住む人食い虎だと思われる。虎はアジア原産の生物でヨーロッパには生息しないため、人食い動物という恐ろしいイメージがひとり歩きし、奇怪な姿を持つ謎のモンスターになったのである。マンティコアの名前も、ペルシア語で人食い虎を意味する"mard-khara"を誤読して生まれたものだと考えられている。

> クテシアスは『インド誌』デ、マンティコアは伝説上のモンスターだとはっきり書いていましタ。ですが後世の作品ガ、いつのまにかマンティコアを実在生物と書いてしまい……誤解が広まったのでス。

博物誌のモンスター

illustrated by けいじえい

バジリスク&コカトリス

生息地：キュレナイカ(アフリカ・リビア北東部)／ヨーロッパの廃城、沼地など　別名：バジリコック　コカドリーユ　出典：『博物誌』(著：プリニウス　1世紀)　『カンタベリー物語』(著：ジェフリー・チョーサー　14世紀)

マジカルアイでみんなを釘付け♥

　バジリスクとコカトリスは、目で見た者を石に変えてしまう「石化の視線」で有名なモンスターである。多くのゲームにおいて、石に変えられたキャラクターは能動的な行動を一切取ることができなくなり、治療も困難なため、彼らは主人公たちの戦闘能力を奪い取る危険なモンスターとしてプレイヤーに恐れられている。

　バジリスクは多くの作品で、大型の爬虫類（イグアナなど）のような姿で描かれ、コカトリスはオスのニワトリに蛇の要素を追加したような外見で描かれる。実はコカトリスは、バジリスクの伝説から派生したモンスターであり、両者は同一の存在、あるいは雌雄関係にあるとされているのだ。

毒を撒く蛇、バジリスク

　1世紀ローマの博物学者プリニウスは、著作『博物誌』でバジリスクを紹介している。いわく、バジリスクは蛇の一種で、体長は24cmを超えず、頭に王冠形の白い斑紋がある。バジリスクの名前は古代ギリシャ語で「幼君」「族長」を意味する言葉に由来するが、それはこの「王冠形の斑紋」から取られた名前だと考えられる。

冠状の斑紋を持つ蛇の姿で描かれたバジリスク。1587年発行、コンラート・ゲスナー著『動物誌』の挿絵より。グラナダ大学蔵。

　バジリスクはきわめて強力な毒を持っている。毒液が皮膚に触れたら即死であるどころか、空を飛ぶ鳥らも飛び散った毒液で墜落し、吐息だけで草を枯らし石を砕くほどの猛毒なのだという。アフリカ大陸のサハラ砂漠や中東にある砂漠は、バジリスクが周囲の草木を枯らしたせいでできたという伝承もある。

　バジリスクの天敵は、強力なモンスターではなく、単なる"イタチ"である。バジリスクをイタチの巣穴に投げ込むと、バジリスクはイタチの放つ臭気で死ぬが、同時にイタチもバジリスクの毒で死ぬという。また別の言い伝えでは、バジリスクは雄鶏の鳴き声を聞くと発作を起こして痙攣すると言われている。

コカトリスは「蛇の尾を持つ雄鶏」か?

　コカトリスという名称は、古くはキリスト教などの聖典『旧約聖書』に登場する(日本で正式に用いられている共同訳聖書では「蝮」と訳されている)。ただしコカトリスの伝承のほとんどは、中世以降に発達したものだ。

　14世紀、イギリスの作家ジェフリー・チョーサーは著作『カンタベリー物語』でバジリコックという呼称でバジリスクに言及し、これがのちにコカトリスに結びついた。この時点ではコカトリスの外見はバジリスクと同様、頭に王冠をのせた蛇や、複数の足を持つ爬虫類として描かれていたが、「雄鶏に弱い」という性質からの連想か、「堆肥の上に産み落とされた鶏の卵がふ化すると、コカトリス(バジリスク)」になるという伝承が信じられるようになった。(オスのニワトリが産んだ卵が蛇かヒキガエルに暖められると生まれる、とする逸話もある)

　以降バジリスクあるいはコカトリスの外見は、雄鶏の頭と首と足、蛇の尻尾を生やし、ドラゴンの翼と黄色い体毛を持つという生物に変化していった。創作ではバジリスクが爬虫類、コカトリスが鶏とされることが多いが、本来の伝承には、そのような区別はなかったのである。

雄鶏と爬虫類が合体した姿のバジリスクと、天敵のイタチ。作者不詳、17世紀ごろの作品とされる。トロント大学内トマス・フィッシャー貴重書図書館蔵。

バジリスクの石化能力はいつから?

　ここまで読んでみると、不思議に思う点がひとつある。本来のバジリスクやコカトリスは強力な毒を持つが、見た者を石化させる力はない。現代の創作でおなじみのこの能力は、いったい何なのだろうか?

　プリニウスの『博物誌』から時代がくだること100〜300年、世界の民間伝承をまとめた『フィシオロゴス』という文献には、バジリスクは目線で毒を放つため、バジリスクに見られた人間は毒で死ぬと書かれている。ただしこれも、あくまで「視線による毒殺」であり、石化の能力はどこにも出ていない。バジリスクの目線が人間を"石化させる"という設定が生まれた時期は不明だが、すくなくとも19世紀初頭の文献にはそのような記述が複数見られる。

　この"見た者を石に変える"という能力は、ギリシャ神話の女性型怪物ゴルゴン(➡p158)の物語から生まれたと考えられている。1世紀ローマの詩人ルーカーヌスは著作『パルサリア』のなかで、リビアのすべての蛇はこのゴルゴンの血から生じたと語っている。バジリスクもこの"すべての蛇"に含まれているといえるのだ。

> バジリスクの石化の視線は、ガラスや鏡で反射するらしいぜ。だから水晶玉を通してバジリスクを見れば安全らしい。ギリシャの征服王アレクサンダーも、盾に鏡をはめこんでバジリスクを退治したっていうぜ。

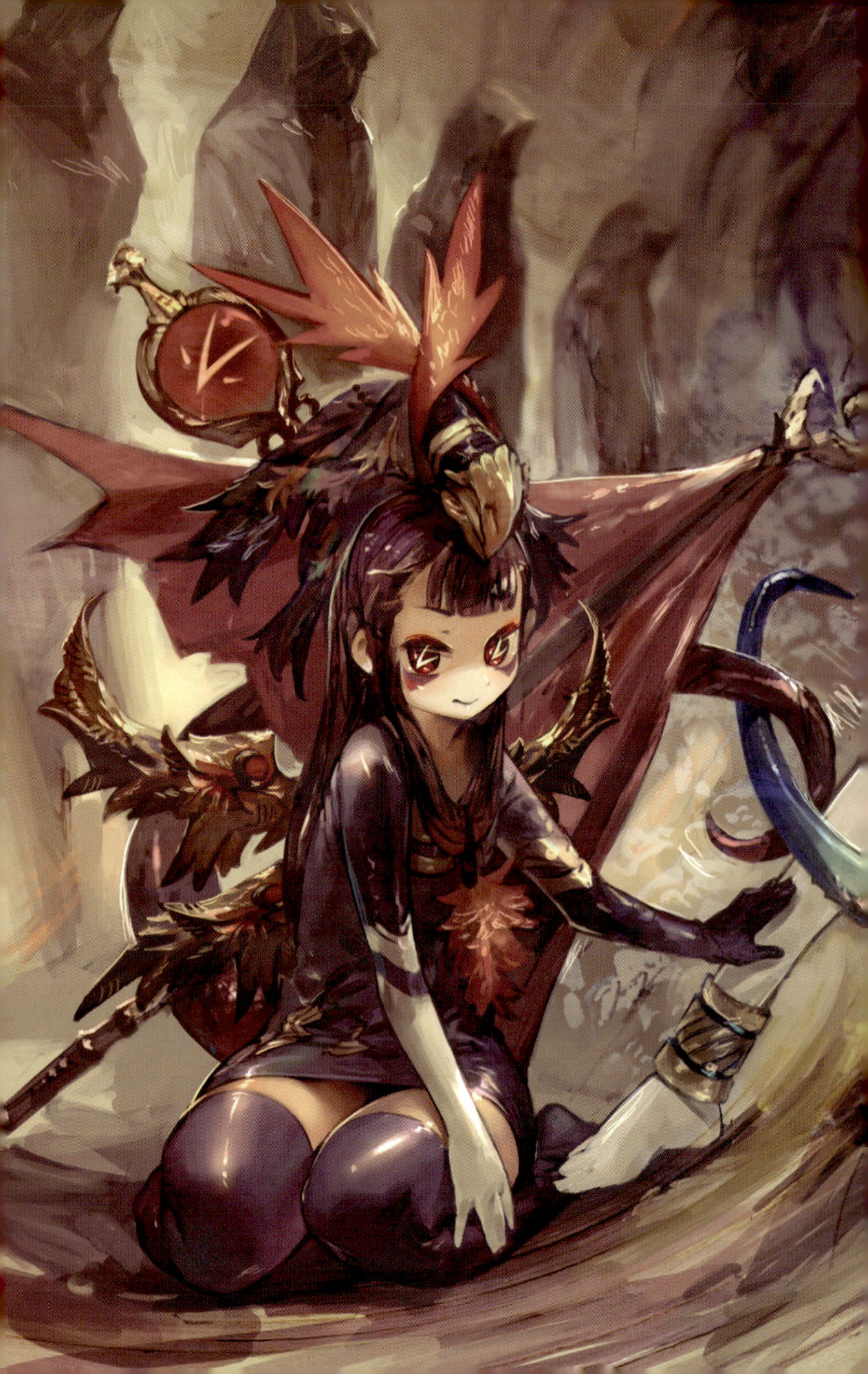

illustrated by 創-taro

ジャイアント・センチピード

生息地：不詳　別名：大百足　出典：世界の民話伝承

でっかくなったら超アブナイ！

　もし我々の身の回りにいる動物や昆虫が、人間よりも大きなサイズになったら、とてつもない脅威になるだろう。古来より物語の敵役にはこのような巨大化生物が登場し、冒険に彩りを添えている。なかでもその外見のおぞましさで注目を集めるのが、巨大ムカデ、ジャイアント・センチピードである。

　創作のジャイアント・センチピードは、本物のムカデと同じように森やじめじめとした場所に潜み、毒の顎で獲物に襲いかかる。ただしその獲物は小さな昆虫などではなく、大型の動物や人間である。その大きさはまちまちだが、なかには胴体の長さが数十ｍに達するものもある。日本の伝説では、俵藤太という平安時代の武将が、琵琶湖の近くで龍神を苦しめていた大百足を退治しているが、これは胴体で山を7巻き半できたというから、明らかに数十メートルどころではない。

古代エジプトで作られた陶器。中央にムカデが描かれている。ロンドン大学ユニバーシティ・カレッジ内ピートリー博物館蔵。

　現代人である我々にとって、ムカデは毒を持つことに加えて外見も醜いため嫌われる存在である。だが彼らムカデが常に人類の敵というわけではない。例えばエジプトの神話にはセパというムカデの神がおり、危険な毒蛇に噛まれるのを防いでくれる人間の守護神とされていた。ヨーロッパではプリニウスの『博物誌』で、ムカデをつぶした汁でうがいをすると、のどの炎症が治るという治療法が紹介されている。中国でムカデが漢方薬の材料になることは言うまでもないだろう。

　巨大化した虫が恐ろしいのは、人間が、小さい彼らの危険性を知っているからだ。身近だからこそ、巨大化した彼らは恐ろしいモンスターと認識されるのである。

モンスターの博物誌

　センチピードという単語ハ、ローマ帝国の公用語「ラテン語」の単語、「百（centum）」と「足（pes）」を組みあわせたものでス。日本でムカデを「百足」と書くのとまったく同じでス。

illustrated by 々仝

人食い花ラフレシア

🧒 うわー、でっかい花だねっ！……って、**くっさー！**
なんなのこの花！ 夏場に捨てわすれちゃった生ゴミみたいなニオイだよ！

👁 ゴーレムは知ってイル。あれはラフレシアという花。
世界で一番大きな花で、たった3日間しか咲かなイ。貴重なノ。
花から発せられる腐ったような臭いハ……。

🧒 ら、ラフレシア！？
聞いたことあるぜ、それってたしか人間を食う「人食い花」ってやつじゃん！
さっさと離れよう（ドン！）うわぁ！ 押すなあ!!

◆ ラフレシア ◆

東南アジア原産の寄生植物。ブドウ科の木の根に寄生し、直径1mほどの巨大な花を咲かせる。ラフレシアは光合成を行わず栄養をすべて樹木から得る完全寄生植物で、茎や葉を持たず、樹木に寄生する細胞と花だけを持つ。

19世紀にイギリス人が初めてこの花を発見したとき、花の巨大さと腐敗臭から、ラフレシアは人食い花だと疑われたこともあった（すぐに否定されている）。ちなみにラフレシアの腐敗臭は、花の中に誘い込んだハエに花粉を運ばせて受粉するためのものだ。

🧒 あはは、大丈夫だって！ ゴーレムの話をちゃんと最後まで聞きなよ！
人食い花とか嘘だってさ！ まあ、最近の創作とかだと、人間を飲み込むモンスターとして出てきたりするけど、あくまで作り話だから。

👁 ラフレシアは人食い花ではなイ、しかし虫を食べる「食虫植物」はイル。
粘液で虫を絡め取ったリ、水でおぼれさせたリ、物理的に捕まえたりスル。
ゴーレムの知識にハ、人間を捕らえるような大きな食虫植物はなイ。

🧒 小さいから、つかまえるのは虫だけってわけね。なら安心だ！ こーんなでっかい葉っぱに粘液がついていたり、動いてつかまえに来たら、人間だってあぶないし……え、こんなに、でっかい、葉っ……ぱ？（わさわさ）

🧒😱 **ぎゃ～!! にげろ～！**（95ページに戻る）

104

その他地域のモンスター
Monsters in other Europe

ヨーロッパ周辺において、
古くから多くのモンスターが語られていたのは
中東、ギリシャ、北欧でしたが、それ以外の地域にも民話、
英雄物語などで独自のモンスターが広まっていました。
この章で紹介するのは、
フランス、スペイン、イタリア、イギリス、東欧など、
ヨーロッパのモンスターです。

illustrated by 皐月メイ

ゴブリン・コボルト・オーク

生息地：ヨーロッパ各地　別名：―　出典：民間伝承（ゴブリン・コボルト）／『ホビットの冒険』（オーク）

敵役種族のできるまで

　集団で生活し、言葉を話し、集落を作って社会生活を営むのが人間という生物の大きな特徴だ。しかしファンタジー世界には、人間と同様に言語を話し、社会生活を行う生命体が多数存在している。しかもそれは、エルフやドワーフのように人間とも交流がある種族だけではない。人間と敵対し、その財産や生命を狙っているモンスターのなかにも、独自の社会を持つ者がいるのだ。

　近年の創作では、ゴブリン、コボルト、オークなどの人型モンスターが、社会生活を営むモンスター種族として特に有名である。

悪戯好きなゴブリン

　ゴブリンはファンタジー作品における定番の敵役種族である。たいてい人間より体格に劣り、体長は数十センチほど、子鬼のようなグロテスクな見た目で人間に対して悪意を持っている。人間にとって脅威となる特別な能力は持っておらず、武器を取ってまもない主人公たちがはじめに戦う敵としておなじみである。

　ゴブリンはもともと、ヨーロッパの民間伝承に登場する精霊、あるいは妖精で、醜くて不愉快な妖精の総称である。ファンタジーのように人間の宿敵と呼ばれるほど敵対心があるわけではなく、人間が彼らに危害を加えなければ、ちょっとやっかいないたずらをしかける程度である。彼らは人間の家に住み着き、うるさく音を立てたり、台所や家具を引っかき回すなどのいたずらをする。ただし彼らは子供好きで、行儀の良い子にはちょっとしたプレゼントを贈ることもある。

　このゴブリンたちを家から追い払いたい場合は、亜麻という植物の種（外見や大きさは、よくあんパンの上に散らしてある小さな種と似ている）を庭にまくといい。こうするとゴブリンは亜麻の種を拾おうとするが、あまりに数が多くて拾いきれず、数日すると諦めて家から去って行くという。

　ゴブリンという名前の由来は、ギリシア語で「悪霊」を意味する言葉だと考えられている。彼らはもともとスペイン・フランスの国境に位置するピレネー山脈にいたが、そこからヨーロッパ中に散らばっていったと言われている。

illustrated by しのはらしのめ

人間の手伝いをするコボルト

　ゴブリンと同様に、コボルトもまた社会生活を営み、人間と敵対する種族としてファンタジー作品に登場する。犬と人間の中間のような外見で、体格は人間より小さく、あまり強くはないが、数を頼りに人間たちに襲いかかってくる。

　現実世界におけるコボルトは、ドイツやデンマーク、スウェーデンなどの民間伝承に登場する醜い妖精だが、犬の特徴は持っていない。たいてい身長60cmほどで、濃緑や灰色の肌に毛むくじゃらの尻尾と脚を持ち、赤や緑の服を着ている。

　コボルトの伝承は大きく分けて2種類あり、ひとつめは鉱山の妖精、もうひとつは家に住み着く妖精である。鉱山のコボルトは地底の秘密通路に住み、危険で力仕事の多い鉱夫の仕事を手助けするほか、お気に入りの鉱夫を豊かな鉱脈に導くという。そのために腕の良い鉱夫は「コボルトに守られている」と言われた。ただし鉱夫がコボルトを怒らせると、コボルトは鉱山の金属を無益な金属に変えてしまう。加工が難しいこの金属は、のちに「コバルト」と名付けられた。この名前が妖精のコボルトの名前からとられたことは語るまでもないだろう。

　コボルトは人間の住居に入り込むこともある。コボルトが家にやってきたことは床におがくずがまき散らされ、牛乳に牛や馬の糞を落とされていることでわかる。そこで人間がおがくずをそのままにしておき、糞入りの牛乳を飲むと、コボルトは自分が歓迎されているとわかって、その家の炉端や納屋に居着く。そして夜の間にこっそりと、人間がやり残した仕事を片付けてくれるという。これを怠ったり、コボルトに食事を分けるのを忘れると、コボルトは物を隠したり人間を転ばせたりして仕返しをしたあと、家から出て行ってしまうという。

作られた怪物種族「オーク」

　豚やイノシシのように下あごから牙がつきだした顔を持つオークは、ゴブリンやコボルトと同様、集団で生活し人間を敵視する人型種族の代表格である。ただしオークという種族がはじめて登場したのは民間の妖精伝承ではなく、イギリスのファンタジー作家トールキンの『ホビットの冒険』である。

　オークは「世界の暗黒の敵」とも呼ばれる悪しき存在、メルコールによって生み出された。メルコールは大勢のエルフを捕らえておぞましい拷問にかけ、美しいエルフを醜いオークに歪めてしまったのである。

　こうして生まれたオークの身体を流れる血は黒く冷たく、その姿は見るもおぞましいものだという。彼らは他の者が苦しむ姿を見るのが唯一の楽しみという生粋の悪の種族である。弱点は太陽の光で、陽光に当たると焼け死んでしまうが、のちにウルク＝ハイという太陽を恐れない上位種族も生み出されている。

> ゲームとかだと「ホブゴブリン」っていう、ゴブリンよりちょっと強いゴブリンが出てきたりするけど、もとの民間伝承では、ホブゴブリンは人間の手伝いをしてくれる優しい妖精なんだって。

TRPGで遊ぼう！

> ねえゴーレム、TRPGっていうのやってみたい！ いろんなモンスターが『Dungeons & Dragons』ってゲームで作られたって教えてもらったでしょ？ どんなゲームなのか気になってきちゃった！

> そうですカ。それではまず、TRPGというゲームがどんなゲームなのか、こくごく簡単に説明しましョウ。

TRPGとは「Tabletalk Roll Playing Game」の略で、"キャラクターを演じて楽しむ卓上ゲーム"という意味である。ゲームは進行役と審判を兼ねる「ゲームマスター」ひとりと、複数の「プレイヤー」が協力して進めていく。

プレイヤーは、ゲームのルールにしたがって、自分の物語内での分身となるキャラクターを作成する。そして別のプレイヤーが作ったキャラクターと協力しながら、ゲームマスターが繰り出すダンジョンやモンスターに立ち向かうのだ。

◆ 遊ぶのには何が必要なの？ ◆

TRPGを遊ぶために必要なのは、「複数の仲間」と「ゲームのルールブック」と「筆記用具」だ。また、ゲームが指定する種類のサイコロも必要になる。

本書でも再三紹介されている『Dungeons & Dragons』であれば、本書の発行元であるホビージャパンの公式HPから試用版のルールを無料で入手できるので、それを使うとよいだろう。具体的なゲームの雰囲気や遊び方は、実際のプレイ風景を書き起こした読み物「リプレイ」を読んだり、動画サイトで公開されているゲーム風景の配信動画などで知ることができる。あとは一緒にゲームを楽しむ仲間を集め、ルールをしっかり読んでゲームに臨めばよいだろう。

ダンジョンズ＆ドラゴンズ日本語版公式ホームページ
http://www.hobbyjapan.co.jp/dd/

> このリプレイっていうのおもしろいな！ 読んでるだけで自分もゲームやってる気になるぜ。でもほんとに遊ぶとなると、人を集めるのが大変そうだなあ。

> 友達を集めてゲームをするのが難しい場合ハ、すでにゲームを遊んでいる先輩に混ぜてもらうとよいでしョウ。各地の公民館などデ行われる「コンベンション」、インターネット上で遊ぶ「オンラインセッション」などがありまス。

> コンベンションやオンラインセッションに参加したいときハ、正直に「初心者です」と伝えましョウ。親切な人が多いですかラ、初心者だと伝えれバ、TRPGの遊び方を優しく教えてもらえると思いまス。

> そっか！ わからないなら師匠に教えてもらえばいいよね！ なにも難しいことなんてなかったんだ。それじゃ、初心者でも歓迎してくれるとこを探して、混ぜてもらってくるね〜！

109

オーガ

生息地:不詳　別名:オーガス、オグルなど　出典:『長靴をはいた猫』(著:シャルル・ペロー　1643年フランス)

イイ子も悪い子も食べちゃうぞ♪

　ファンタジー作品に登場するオーガとは、大柄な人型モンスターである。外見は巨大な原始人といった風体で、人間よりは大きいが、巨人族というほどは大きくない。原始的な防具と他種族から奪った武器で戦い、敗者を食べてしまう人食い種族である。なかには原始的な魔法を使う者もいて「オーガメイジ」などと呼ばれるが、それほど知性が高いわけではなく、文明と呼べるものは持っていない。

　無骨な響きからは想像しにくいが、オーガというこのモンスターの名前は、実はフランス語の単語である。オーガのような巨体の人食い種族は世界各地の伝承に登場するが、はじめてこの怪物にオーガという名前をつけて登場させたのが、日本人にもおなじみのフランスの童話『長靴をはいた猫』なのである。作中でオーガは巨人として描かれ、人間や他の生物をぺろりとひと飲みしてしまうほか、欲が深く、他の動物に化ける魔法の力も持っている。

　このほか、オーストラリアの童話作家ジョゼフ・ジェイコブスが紹介したイングランド民話『ジャックと豆の木』(1890年)で、雲の上に住んでいた巨人もオーガと呼ばれている。これはシャルル・ペローの作品を踏まえたものであろう。

　人間よりもすこし大きい人食い人種という、わかりやすく手ごろな設定からか、オーガはファンタジーを題材とする多くのゲームに登場し、まだ経験の浅い主人公たちにとって「打倒しうる高い壁」という役目を与えられている。

　ただし1978年に発表されたRPG『ルーンクエスト』の背景世界「グローランサ」におけるオーガは他のゲームのものと大きく違う。グローランサのオーガは、やや大柄だが人間そっくりの容姿をしており、その姿はたいてい美男美女である。人間と同等の知能と魔術の素養を持ち、人間の社会に混じって生活している。だが、人間(や人間型の他種族)を食べる点は旧来のオーガと共通しており、美しい容姿で人間を誘惑して食べてしまう怪物とされている。

> オーガって頭が悪いから、すぐ人間にだまされるんだよな。童話の『ジャックと豆の木』でもそうだったろ?　もしオーガに襲われたら、口からでまかせで逃げ切れるかもしれないぜ。

illustrated by 河内やまと

ガーゴイル

生息地：建物の柱や屋根　別名：ガルグイユ　出典：西ヨーロッパの伝承

手ぐすね引いてお待ちかね！

　コウモリのような翼と鋭い牙、人間と獣の中間のような胴体を持つ悪魔のような石像……主人公たちがその前を通り過ぎると、建物に飾られていた石像が突然動き出し、油断していた彼らに襲いかかる。このガーゴイルというモンスターは、侵入者をだます罠のような効果をあわせ持っている。多くの場合、その体は石のように硬く、鋭い爪と牙で襲いかかる危険な敵となる。

東欧の国クロアチアの首都ザグレブにある「ザグレブ教会」のガーゴイル。　撮影者：Bizutage

　このモンスターは、中世ヨーロッパの建造物に一般的に取りつけられていた彫像からの連想で生み出されたものである。寺院や聖堂など大型の西洋建築には、屋根の上に「ガーゴイル」という魔物の彫像が飾られていることが多い。これは日本の鬼瓦などと同じように、魔物の力を借りて、悪魔や災いから建物を守るおまじないなのだ。さらにガーゴイルの口は、屋根に降った雨を外にはき出す雨樋の役割をしていることも多い。そもそもガーゴイルという名前も、水が流れる音をあらわすラテン語の擬音語"gar"に由来するという説が有力だ。

　魔除けの彫像である"ガーゴイル"にはさまざまな形のものがある。上の写真のようなものが一般的だが、翼のないものも多く、またグリフィンやライオンなど明らかに他の怪物・動物を模したものもある。

　創作に登場するガーゴイルも、共通の特徴は石像に擬態することくらいで、外見はまちまちである。正体も作品ごとに「石像が魔法で動くもの」「石に擬態する生物」と一定しないが、本来の「守護像」という役目からの連想か、ガーゴイルは重要な地点や建物を守るために配置されていることが多い。

> 『トルネコの冒険』っていうゲームだと、ガーゴイルはダンジョン内にある店の店主さんをやってるよ。番人の石像がお店をやるって変な感じだけど、アイテムを盗むと襲ってくるから原典どおりかも？

illustrated by nove

ドラゴン

生息地:世界各地　別名:ドラコーン　出典:『ベーオウルフ』(10世紀ごろ) など

おタカラほしけりゃかかっておいで!

　ファンタジー世界において、モンスターの王者といえば、ドラゴンの名前を挙げる人が多いだろう。ドラゴンは巨大なトカゲやイグアナのような爬虫類の体に、固い鱗と鋭い爪を持ち、ときに毒や炎などを吐く能力を持ったモンスターである。

　上に紹介した特徴に加え、針の落ちる音すら聞き逃さない鋭敏な視聴覚まで持つドラゴンは、あらゆる生物にとって脅威となる。ドラゴンのなかには、背中に翼を持つ者と持たない者がいるが、本書では主に「洞窟の奥で待ち構える」ドラゴンを取り扱うので、陸のモンスターとしてドラゴンを紹介する。

　古い神話を見渡すと、ドラゴンや爬虫類系の怪物は、たしかに神話のなかでも最強クラスの能力を持つ例が多いが、現代のファンタジーのように最強といえばドラゴン一色というわけではない。ファンタジー作品のなかでドラゴンが高い地位を占めている理由は、現代ファンタジーの源流となった、イギリス人作家 J.R.R.トールキンの『指輪物語』『ホビットの冒険』などの作品群の影響が非常に大きい。

　トールキンは、英雄のドラゴン退治を描いた、北欧神話の『ヴォルスンガ・サガ』や、イギリスの英雄物語『ベーオウルフ』の影響を強く受けており、作品中に強力なドラゴンを多数登場させた。その一例が『ホビットの冒険』に登場した、腹に無数の宝石をめり込ませた黄金のドラゴン「スマウグ」である。これは無敵の鱗を持ちながら柔らかい腹部を刺されて死んだ、北欧神話のドラゴン「ファフニール」のオマージュで、ファフニールが刺された腹部が宝石で守られているのだ。

　ドラゴンを重視する価値観は、トールキン作品の影響を受けている多くのファンタジー作品に引き継がれた。ファフニールなど伝承のドラゴンには「巣穴に財宝をため込む」習性がある。モンスターの潜むダンジョンから財宝を持ち帰ることを目的とした『Dungeons & Dragons』などのゲームでは、ドラゴンは、主人公たちが命をかけて挑戦する最後の敵として最適なのである。

> 一般的にドラゴンは「自然の脅威」をモンスターの姿であらわしたものだとされていまス。ドラゴン退治は、人間が自然の猛威に打ち勝つことをあらわしたお話とも考えられるのでス。

illustrated by 六角蓮火

ワーウルフ

生息地：　別名：ライカンスロープ　出典：東欧の民間伝承

月夜の番にワオーンと登場!

　普段は人間の姿だが、満月の夜になると狼に変身し、不用意に外出している人間を食い殺す「狼男」。ファンタジーを知らない人であっても、日本人のほとんどが知っているであろう有名なモンスターだ。英語では狼男のことを「ワーウルフ」と読んでおり、ファンタジー作品にもこの名前で登場することが多い。

　古来より、動物（特に害獣、猛獣）が人間に化ける話は多い。あるいは人間が、それらの動物になってしまう話も同様に多い。ワーウルフのように動物と人間の垣根を壊す怪物が広く語られた理由は、人間のアイデンティティが侵されるという根源的な恐怖であろう。

　ヨーロッパの伝承に登場するワーウルフは、東ヨーロッパで生まれた民間伝承や、北欧に実在した狼の皮をかぶる狂戦士「ウールヴヘジン」のイメージを源泉として、その後ヨーロッパ中に広まったものである。彼らは人間の姿から、狼に変身するとも、狼と人間の中間のような外見に変わるともされる。

ワーウルフに襲われる村を描いた木版画。この人狼は人間とほとんど同じ姿をとっている。1512年、ドイツ人画家ルーカス・クラナッハの作品。

近代のワーウルフ

　現在われわれがよく知るワーウルフ（狼男）には、**月を見ると変身する、狼男に噛まれた者は狼男になる**という特徴がある。実はこれらの特徴は、本来のヨーロッパの伝承には見られず、近代になってつけ加えられたものだ。いつごろからこのような特徴が語られるようになったか断言することは難しいが、すくなくともアメリカの映画社ユニバーサルが1935年に公開した『倫敦の人狼』で同様の表現が見られる。ユニバーサル社が次に制作した『狼男の殺人』では、「**銀の弾丸（武器）のみが狼男を殺せる**」という特徴が加えられた。

　なかでも「月を見て変身」「狼男に噛まれると狼男になる」という特徴は、実在する

illustrated by 長月よー

病気「狂犬病」の症状とよく似ている。狼男とは、人間が狂気に侵されることを別の形で表現したものでもあるのだ。

現代の創作に登場するワーウルフの多くは、ここに挙げた3つの特徴を引き継いでいる。魔法か銀製の武器など、ある程度以上の魔力を持った武器でないと傷つけることができなかったり、逆にこのモンスターの爪や牙で傷つけられると、呪いや病気にかかってしまうのだ。

狼以外のワークリーチャー

ワーウルフのように、人間が動物に変身するモンスターのことを、一般的に「ワークリーチャー」と呼んでいる。ここからもわかるとおり、ファンタジーの世界では、人間が変身する動物は狼に限らない。ネズミに変身する者、熊に変身する者、トラに変身する者など、さまざまなバリエーションがあるのだ。これらワークリーチャーは、人間の姿を取っているときも、変身後の動物を連想させる性格や行動パターンを取ることが多いとされている。例えばワーラットならば卑怯でこそこそとしており、ワータイガーだと暴力的で横柄であるなどだ。理性を失うかどうかはその物語やゲームによってまちまちである。

フランスの小説『長靴を履いた猫』の主人公。このタイプの猫人間は、ファンタジーの基準ではワーキャットに分類されることがあるが、彼は人間が猫に変身した存在ではない。

例えばトールキンの『指輪物語』には、熊に変身するワーベアの種族「ビヨルン族」が登場する。彼らは月と関係なくいつでも熊に変身でき、変身後に理性を失って暴れることもない。ただし彼らは、変身とは無関係にもともと気性が荒く、接し方を一歩間違えれば食い殺されかねないほどだという。

ライカンスロープとは？

ファンタジー作品では、ワーウルフやワータイガーなど、人間から動物に変身するモンスターのことを「ワークリーチャー」だけでなく「ライカンスロープ」と総称することがあるが、これは本来の意味から考えると適切な用法とはいえない。

ライカンスロープという単語は、ギリシャ語の「リュカントロポス（lykanthropos）」を英語読みした単語だ。ところがこのリュカントロポスとは、狼を意味する"リュコス"と、人間の男性を意味する"アントロポス"の合成語であり、すなわち「狼男」という意味の単語になる。明らかに、ワークリーチャー全体を指す単語ではないのだ。

獣化する人間の総称ならば、同じギリシャ語で野生動物を意味するギリシャ語"セリオン"を使った英単語「セリアンスロープ」のほうが適切であろう。

手塚治虫先生の『バンパイヤ』って漫画知ってる？ これに出てくるバンパイヤは吸血鬼じゃなくて、ワーウルフみたいなオオカミに変身する人間なんだ。月を見たり、特定の臭いをかぐとオオカミに変身するんだよ！

まだまだいるぞ！世界のモンスター

- う～ん。古文書、みつからないねー？
  もう相当な人数のモンスターさんたちに聞いたんだけどなあ。

- えーっと、まだ会いに行く予定のモンスターが4人いるからよ、そっちで見つかるかもしれないぜ？

- うん。見つかることを期待だよ！ 期待だけど……。
  でも、それでも駄目だったら別の方法を考えないとだよ～。

- ベスカ、フェンリル。
  ヨーロッパのモンスターハ、もう持っていないという可能性ハ？

- うっ、それありえるよ。
  今回はヨーロッパのモンスターだけに絞って調べてきたけど、べつに本がヨーロッパの外に運ばれる可能性だって普通にありそうだよ！

- 案外、日本の「ヤマタノオロチ」あたりが丸呑みにしているかもしれませヌ。
  あれハ何でも飲み込むシ、滅ぼすと尻尾からお宝が見つかったりしㇺス。

- そういう話なら中国の「龍」っていうドラゴンも怪しいんじゃないか？
  たしかこっちのドラゴンと同じで、海底の宮殿にたんまりとお宝をため込む習性があるって聞いたぜ。

- なんか、行ってみたほうがいいような気がしてきたなー。
  日本とか中国ってどうやれば行けるんだっけ？

- 中国に行きたいのか？
  たしか、ヨーロッパから東にずーっと走ればつくはずだぜ！
  えーっと、だいたい3万キロくらいだったな！

- そして日本は島国でス。海を渡らなければいけませン。

- ムリムリ！ そんなのんびり旅してたら、魔王が世界征服しちゃうよ！
  うう～っ、しょうがない、ヨーロッパと中東だけで、なんとか見つけるしかないか。お願い！ 見つかってよー！？

- ……ま、いつか見つかるって！
  あんま深刻になるなよ、ほら次のモンスターに会いにいこうぜ！

ハッグ

生息地：ヨーロッパ各地　別名：ブラック・アニス
出典：民間伝承

悪い子は取って食べちゃうぞ!

　モンスターの大部分は人間とは異なる生物だが、なかには生きたままの人間がモンスターと呼ばれる場合もある。その代表格が、世界各国で物語の悪役として登場する「醜くしなびた肌の老婆たち」である。剣と魔法のファンタジーの母体となったイギリスでは、これらの怪物化した老婆のことを「ハッグ」と呼んでいる。

　ハッグの正体は地域によってさまざまだ。日本ではただの人間や鬼の女などが"鬼婆"と呼ばれることが多いが、ヨーロッパではハッグの正体は悪魔と契約した魔女のことが多く、妖精や天候の精霊など超自然的な存在だとされることもある。たいていは悪巧みや怪しげな魔術にふけり、他人を陥れようとする存在である。世界に病気や死、冬をもたらすほか、人間を生で貪り食ったり、魔女の大釜（コルドロン）で煮込んだりする。

グリム童話の一編『ヘンゼルとグレーテル』に登場する魔女。この魔女もハッグのひとりと考えられている。1892年ごろ、ドイツ人画家フィリップ・グロット・ヨハン画。

　イギリス中部には、人食いアニスというハッグの伝承が残っている。彼女は長い鉤爪と黄色い牙を持ち、「人食いアニスの隠れ家」と呼ばれる洞窟に住んでいる。洞窟近くに迷い込んできた子供たちを捕まえて貪り食っては骨をまき散らし、剝いだ皮を樹につり下げて乾かすという。RPG『Dungeons&Dragons』などで、ハッグのなかに「アニス」という種類がいるのは、この伝承をもとにしたものだと思われる。

　同じくスコットランドに伝わるケラッハ・ヴェール（「青い老婆」の意）は天候の精タイプのハッグだ。彼女は初冬の11月1日になると、杖で草木を打ち倒しながら地面を霜で固め、大地に冬を連れてくる。彼女は春の5月1日になると杖を捨てて灰色の石に変身して眠りにつき、ふたたび自分の季節が来るのを待つとされる。

> うわっ、ちょっと背中の毛を見てくれよ。毛がもつれてぐちゃぐちゃになってるだろ？　こういう風に動物の毛がもつれたのを「ハッグの結び目」っていうんだ。ハッグたちめ～、あとでとっちめてやる！

illustrated by 吹井ひよる

インプ

生息地：ヨーロッパ各地　別名：インペット　出典：民間伝承

どんどん増えるよ！　量産型小悪魔

　ファンタジー作品には、小さな角と尖った尻尾を生やし、性悪の幼児のような顔をした小柄な魔物がよく登場する。この魔物は「インプ」と呼ばれることが多い。

　インプはヨーロッパの民間伝承で生まれたモンスターで、もともとは妖精だとされていたが、16世紀以降、イギリスで生まれたキリスト教の新宗派「清教徒（ピューリタン）」の聖職者たちによって悪魔だと認定された。それ以降ヨーロッパでは、小さい悪魔の総称として、しばしば「インプ」という言葉を使うようになった。

　もともとインプという言葉は、5～12世紀ごろのイギリスで使われていた古い英語で「若枝」という意味の単語だった。その語源は園芸の技術にある。成長した木に別の木の枝をつないで育てる「接ぎ木」という手法があり、日本でも病気に弱い甘柿の木を、病気に強い渋柿の幹に接ぎ木するという方法が広く知られている。だがこの技術は、植物が種から育たずに実をつけることから、生命の摂理に反した魔術的な効果があると考えられていたのである。そのため世間で知られる小悪魔は、悪魔の首領である魔王サタンから枝分かれして発生した"接ぎ木の若枝"と解釈され、「インプ」という名前が与えられたのだ。

　創作において、インプは魔女の使い魔にされたり、人間と勝負して敗れるなど、弱者、敗者、下っ端というイメージで描かれることが多い。

　しかしイギリスには、神に立ち向かった勇敢なインプの伝説が残されている。イギリス西部の都市リンカンの大聖堂にインプの群れがやってきたが、悪魔である彼らは教会に入ることができない。しかし一匹だけ勇気のあるインプがおり、彼は教会に入り込んで聖職者たちに悪さをし、教会に大混乱を巻き起こした。だがインプが窓ガラスを割ったときにとうとう天使が現れて、彼を石に変えて聖堂内の支柱の上に据えてしまったという。このとき石になったインプ（とされている石）は現在でもリンカン大聖堂に残されており、観光名所となっている。

> インプという言葉は、我々が思っている以上に広い意味を持ちまス。小悪魔だけじゃなく小妖精のたぐいもインプと呼ばれまス。英語の「フェアリー」や、日本の「妖怪」と同じだと言っても言い過ぎではないでス。

その他地域のモンスター

illustrated by 京極しん

キキーモラ

生息地：ロシア 別名：シシーモラ 出典：ロシアの民間伝承

館は彼女のテリトリー

　剣と魔法の世界において、主人公たちの冒険の舞台となるのはダンジョンだけではない。朽ち果てた洋館などが探索の対象となる場合も多く、そういった物語では、しばしば家に住み着く妖精たちが、侵入者に牙をむいてくる。その一例がロシアの妖精キキーモラで、一見人間っぽいのによく見ると異形という、独特の外見で人気のあるモンスターである。

　現実世界におけるキキーモラは、ロシアで信じられている、家に住み着く妖精である。ふだんは人間に見えないが、死ぬ寸前の人には見ることが可能である。その姿は一見、髪を垂らした女性のように見えるが、よく見ると小さい頭に鳥のような細いくちばしが生えていて、足は鶏、胴体はワラのように細いという異形じみた外見である。おもに暖炉や地下食料庫に住み着き、家がよく手入れされていれば家事を助けてくれるが、手入れをさぼると怒って手ひどい罰を与えるとされている。

　本来キキーモラは家庭的な妖精であり、特に糸つむぎと機織りが好きで、家人が寝静まった深夜によく作業をする。ただしキキーモラの作業音を聞いてしまうことは不幸の前触れだと信じられている。

　特にクリスマス前夜は注意が必要で、女性が祈りを捧げずに糸つむぎの装置から離れると、装置にセットしていた糸を引っかき回し、ちぎってしまう。こうして取り乱してしまったキキーモラはモンスターと呼ぶにふさわしいほど暴れ回り、怒ったキキーモラをなだめるためには、家中の鍋と釜をシダのお茶で磨く必要がある。

　一説によればキキーモラは、キリスト教の洗礼を受けずに死んだり、両親に呪われて死んだ子供の霊で、そういった不幸な境遇から悪霊の支配下に入ったものだと考えられている。名前の語源は「キキー」と「モーラ」の合成語であり、キキーはおさげの髪型、あるいはキキーと叫ぶこと。モーラとはロシアなど東ヨーロッパで広く知られる吸血夢魔モーラの名前だと考えられている。

> キキーモラはあんまり「悪い子」って感じじゃないんだけど、1849年にまとめられたっていう『ロシア民間説話集』には、世の中すべてを憎んでる危ないキキーモラもいたよ、関わりたくないかもー！

illustrated by 鴨見カモミ

パラケルススの四大精霊

生息地：自然界各地　別名：エレメンタル　出典：「ニンフ、シルフ、ピグミー、サラマンダー、ならびに霊的媒合についての書」著：パラケルスス　16世紀

地水火風のよっつのパワー

多くのファンタジー世界では、世界には「地、水、火、風」の4つの元素（エレメント）があり、意志を持つ元素「エレメンタル」がいると考えられている。非常に幻想的な世界観だが、実はこの設定は創作ではない。かつて現実世界においても、世界は4つの元素で構成されていると考えられており、ファンタジー世界の設定はこれを引き継いだものなのだ。さらに、エレメントを人格化した精霊エレメンタルが存在するという思想も、現実世界で実際に語られていたものである。

地、水、火、風の四大精霊を定義したのは、人造人間ホムンクルスを製造した伝説でも知られる、15～16世紀のスイス人錬金術師パラケルススである。彼はそれまでも世界を構成する要素として広く知られていた「四大元素」に生物としての枠組みを与え、地の精霊に「ノーム」、水の精霊に「ウンディーネ」、火の精霊に「サラマンダー」、風の精霊に「シルフ」という名前を与えた。

彼ら四大精霊は、肉体を持つ生物と、精神的な霊体の中間の存在であり、いずれも人間に近い外見を持つ。食事や睡眠を必要とし、ときには病気にかかることもある。そして人間との交配によって子孫を残すことも可能だという。

地の精霊ノーム

大地の精霊ノームの名前は、ギリシャ語で"地中に棲むもの"という意味を持つ単語"Genomus"を女性形にし、英語読みしたものだ。名前の単語は女性形にされているが、ノームは一般的に、ひげを生やした老人男性の姿をした小人として描かれる。彼らは大地の中を、まるで魚が水中を泳ぐように自在に移動することができ、地中の金銀のありかを知っているとされる。

ノームの寿命は長く、千年ものあいだ生き続ける。寿命が長いぶん成長も遅く、生まれてから成人までに100年の期間が必要とされる。

きのこの影からこちらを見るノーム。

illustrated by とらこ

水の精霊ウンディーネ

　ウンディーネは水の精霊であり、その姿は人間の女性とよく似ているが、魚や海蛇などの水棲生物の姿になることもある。優しい女性は死後にウンディーネになるとも言われ、人間とのあいだに子供を産むこともあるとされる。

　他の精霊たちと違い、ウンディーネには人間の人生と関わる逸話が非常に多い。人間の男性と結婚したという物語や、男性の肉体や魂を水に引きずり込むという話がヨーロッパ中で語られている。パラケルススによれば、ウンディーネとの結婚には、犯してはならない禁忌が存在する。まず、人間の夫は、水の近くで妻を罵倒してはいけない。そうするとウンディーネの妻は水の中に帰ってしまう。そして夫は不倫をしてはならない。たとえウンディーネが水に帰ったあとであっても、夫が別の女性と関係した場合、ウンディーネは夫を殺さなければならないのだ。

火の精霊サラマンダー

　パラケルススは、四大精霊は人間の姿をしていると定義したが、一般的に火の精霊サラマンダーは、炎をまとったトカゲ、あるいはトカゲの形をした炎の固まりとして描かれることが多い。これはパラケルススが、以前からヨーロッパで広く知られていた「サラマンダー」という動物を炎の精霊に位置づけたからである。

　サラマンダーとは日本語で言う「サンショウウオ」のことで、胴体が太く、ぬめぬめとした表皮を持つ、トカゲに似た両生類である。古代ローマの博物学者プリニウスの『博物誌』では「サラマンダーは体温が低いため、火の中に入ると火が消える」という伝説を持つ生き物として紹介されている。その後ヨーロッパでは、サラマンダーは「火の中で生きる」生物だと考えられるようになった。パラケルススの設定した火の精霊サラマンダーは、それをさらに推し進めたものなのだ。

スイスに住むサラマンダーの一種。
撮影者：M. Linnenbach

風の精霊シルフ

　風の精霊シルフは、しなやかな体の若い乙女、透き通った体と羽を持つ小さい精霊として描かれる。一説によれば、純粋なまま死んだ男女の霊魂が変化したものだという。彼女たちは山の頂上に住み、その声は地上まで聞こえることもあるという。名前の由来は蝶や蛾の意味、あるいは西から吹く風を意味する単語（英語では"シルフィード"）が転化したものだと考えられる。

> サラマンダーは女の子の姿のこともあるんだって！　赤い火の髪に緑色の身体を持つ女の子だって話だよ。情熱的な女性が亡くなったあとに変化したのがサラマンダーだ、なんて説もあるみたい。

ものしりゴーレムの
モンスター講座

**ものしりゴーレムの
モンスターはじめて講座**……130

**僕らの知ってるモンスターは
どこから来たの？**……132

陸のモンスター小事典……145

> 古来より東の国デモ、
> 戦をするにハ「敵を知り己を知れ」と言ウ。
> 立派なビーストテイマーになるため—、
> 勉強が重要。
> モンスターのできるまでヲ、
> しっかり知ってもらウ。

ものしりゴーレムの モンスターはじめて講座

ペスカ、一流のモンスター使いになるにハ、個々のモンスターだけでなク、モンスター全体のことを広く知っておかなければいけません。ゴーレムに記録されたモンスターの基本ヲ、わかりやすく再生しまス。

みんなの知ってるモンスターってどんなの?

それでは最初に質問でス。ペスカやフェンリルにとっテ、モンスターとはどんな存在ですカ?

そりゃ、私みたいに強くて誇り高いのがモンスターさ!
神様にだって勝てるし、世界を滅ぼせるような強いのもいるぜ!

ええっ、みんながフェンリルみたいな怪力だったらたいへんだよ!
例えばゴブリンとかミノタウロスみたいに、強いけど、がんばれば人間でもなんとか倒せるよっ! っていうのが大半じゃないのかな?

ペスカとフェンリルの認識ハ、かなり違うようでス。
どちらの意見も正しいでス。現代では、モンスターというのはひとことで言い表せるような単純な言葉ではないのでス。

あー、そういえば人間を攻撃しないモンスターとかもいたっけ。
うわぁ、これだけいろんなモンスターがいると、モンスター全体のことを知るのって、じつは結構大変だったり?

「歴史」と「事典」でモンスター博士になろう!

> モンスターについて広く知るにハ、人類とモンスターの関わりを最初からおさらいしてみるのが一番の近道でス。
> 広く浅い知識を身につけテ、モンスターにくわしくなりましょウ。

「はじめて講座」の内容はこちら!

モンスターって、どうやってできたの?

> そもそもだよ? なんでこの世界には「モンスター」なんてのがいるのかな?
> いままで会った子のなかに、何千年も前の神話に出てきたモンスターとかいたしさ。モンスターってそんな昔からいたの? それってなんじ? 教えしょー!

132ページ「モンスターのできるまで」へGO!

もっといろんなモンスターを知りたい!

> 北欧のみんな以外に、こんなにいっぱいモンスターがいるなんてはじめて知ったぜ!
> もっといろんなモンスターの仲間に会ってみたいな! なあゴーレム君、ほかにはどんなモンスターがいるのかな?

145ページ「陸のモンスター小事典」へGO!

> ペスカとフェンリルは興味のあるところが違いましたネ。
> モンスターのできるまでも、陸のモンスター小事典も、どちらから読んでもOKでス。
> それでは講座を開始しまス。

> おー!

僕らの知ってるモンスターはどこから来たの？

原始宗教のモンスター

原始的な恐怖

神話のモンスター ➡p134

紀元前10世紀

宗教のなかで生まれた怪物だな。モンスターと戦う神の偉大さをアピールするために、このころのモンスターは、でかくて強い怪物だらけだぜだぜ。

博物誌のモンスター ➡p136

紀元前5世紀

ねえ『博物誌』って学問の本なんだよね？ そう思えないくらいワンダーなモンスターがいっぱいいるよ!?　……なるほど、中身に伝聞とか想像が多いからこうなっちゃうのか。

1世紀

19世紀

現代の皆さんがなにげなく接している、ゲーム、漫画、小説などに登場するモンスターたちハ、じつは何百年、何千年という長い歴史をたどって現在の形になっタ。
モンスターがどこから来たのカ、その歴史をお見せすル。

鬼退治

神話の時代が終わると、神様じゃなくて人間がモンスターと戦うお話がたくさん作られたんだって!

叙事詩（英雄物語）、民間伝承のモンスター
➡p134

『D&D』など ゲームのモンスター
➡p142

ファンタジー文学、創作のモンスター
➡p140

アニメ、ゲーム、小説など現代創作のモンスター

21世紀　次のページへ行ってみよう!

〜紀元前5世紀

神話のモンスター

まずは「モンスター」がどのように生まれたのカ、できるところまで歴史をさかのぼってみましょウ。人間が生み出した初期のモンスターハ、現在有名なモンスターとはかなリの違いがあるようでス。

モンスターはなぜ生まれたの?

通常の動物とは明らかに違う能力と外見を持つ「モンスター」という存在を、人間が初めて生み出したのは、少なくとも人間が文字を発明するよりも前、最低でも5000年以上前のことだと考えられています。人間は以下のような必要にかられて、恐ろしいモンスターを想像したのです。

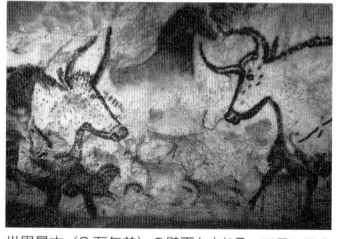

世界最古（3万年前）の壁画とされる、フランスのラスコー洞窟の壁画。このように人類は古くから動物の姿を描き、そのなかには明らかに通常の動物と違うモンスターの壁画も存在する。

理由1 自然の驚異の具現化

原始的なモンスターの多くは、自然の脅威、例えば雷や竜巻、洪水などを架空の動物の形であらわしたものです。水の脅威ならば水中に住む魚や蛇、地震ならば地中の生物など、脅威の内容に応じた動物が、特別な力で恐ろしい自然現象を起こしていると考えられました。

理由2 神の偉大さの強調

人類が宗教や神を生み出すと、宗教を広める立場にいる聖職者たちは、神の偉大さをアピールして、より多くの人々が自分たちの神を崇めるようにする必要が出てきました。そこで彼らが目をつけたのがモンスターという存在です。

聖職者たちは、「神話」と「モンスター」を利用して布教活動を行いました。人間たちを苦しめる恐ろしく強大なモンスターを、偉大な神が退治するという神話を広めることで、人間を守る神の偉大さを一般民衆に信じさせることに成功したのです。

つまり……。
モンスター退治＝人間の安らぎ だった!

134

神話時代のモンスターの特徴

神話のモンスターって物騒な子が多いよね。
たったひとりで世界を壊しちゃうモンスターかいるし、そんなすごい子、しもべにできる気がしないよ～！

神話に登場するモンスターが強力なことにハ、論理的な理由がありまス。
神話のモンスターの代表格として、ギリシャ神話で最高神ゼウスと戦い、その部下になったヘカトンケイルさんに来てもらいましょウ。

とにかく強い

モンスターを打倒する神の偉大さを強調するため、神話の敵役であるモンスターには、ときに世界を滅ぼせるほど恐ろしく強大な存在であることが求められました。

体のパーツが多い

神話に登場するモンスターには、手足や目玉などの数が異常に多いものがよく見られます。これは、口頭での説明で、モンスターの異形性と強さを伝えることに役立ちます。

なるほどな～。たしかに昔の神話って、文字でも絵でもなくって「お話」で聞かせるもんだから、目の前に絵がなくっても"なんとなくすごそうだ"ってわかるのは大事だよな！

モンスターの母たち

　ギリシャ神話や北欧神話など、数多くのモンスターが登場するヨーロッパの神話では、複数のモンスターがひとりの母親から生まれたという設定がよく見られます。ギリシャ神話なら、異形の巨人や最強のモンスター「テュポン」を生み出した女神ガイア、ケルベロスなどを産んだ半蛇のエキドナ、北欧神話ならフェンリルら世界を滅ぼすモンスター兄弟を産んだ女巨人アングルボザなどです。

神話時代のモンスターって、自然の脅威を人格化したものなんだって。だからそれを産むお母さんも自然の象徴ってことが多いんだねぇ。例えばガイアさんは大地の女神だし、アングルボザさんの場合は、そもそも巨人って種族そのものが自然の脅威に人間の姿を与えたものらしいよ。

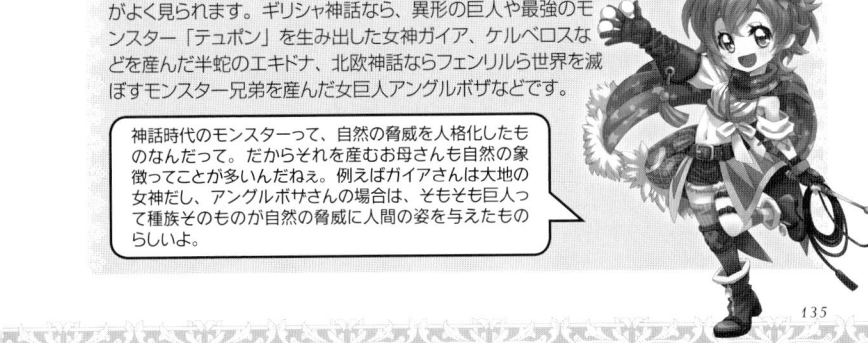

> 1〜3世紀

『博物誌』のモンスター

世の中には、わたしたちが知らない生き物がいーっぱいいるんだね！知らないものは知りたいって思うのが普通だよ。昔の学者さんもそう思ってたから、世界中の生き物をあつめたすっごい本ができたんだ！『博物誌』っていうんだって！

動物の解説にモンスターも混在

『博物誌』は、いまから約2000年前、1世紀の学者プリニウスが書いた百科事典です。この本はヨーロッパからアフリカ、インドまで、筆者が収集したあらゆる知識をまとめた本であり、そのテーマは各国の地理、天文学、動植物、鉱物、美術、建築など多岐にわたります。本書は中世ヨーロッパの知識人に広く愛読され、完成から2000年近くたった現在でも、当時の最先端知識を知ることができる貴重な資料として高く評価されています。

ガイウス・プリニウス・セクンドゥス

生没年：22〜79年
職業：軍人、政治家、学者
代表作：『博物誌』
　　　　ほか軍事、歴史、科学関連の著書多数
　　　　（現在はすべて散逸）

現実感のあるモンスターの登場

『博物誌』は全37巻構成で、そのうち8巻から10巻までが動物について、11巻が昆虫について解説した内容になっています。その多くは牛や馬、蜂やサソリなど、われわれもよく知る動物の生態についてまとめたものですが、なかに現代の常識では存在しない動物、異常な生態を持つ動物……すなわち「モンスター」が紹介されています。

『博物誌』に掲載されたモンスターは、神話のモンスターほど強力無比ではなく、「近づく人間を毒で殺す」など、あくまで危険な野生動物として紹介されています。それまでは空想上の存在でしかなかったモンスターが、人間が直接対面する可能性がある、現実的な脅威として血肉を与えられたのです。

つまり……。
手の届かない超常存在から、身近でリアルな危険へ！

どうして？『博物誌』にモンスターがいる理由

> あれ、『博物誌』って、聞いた感じだとすっごく真面目な学問の本っぽいのに、なんでモンスターが混じってるの？
> ホントにいる動物だけ紹介しないとまずいんじゃない？

> 少なくとも、プリニウスは実在すると思っていたのデス。
> 2000年前の科学でハ、世界中の動物の生態についてひとりで調べることは不可能デス。ですから『博物誌』にハ、ほかの資料からの引用も多く掲載されていまス。

プリニウスの『博物誌』は、世界中で書かれた学術的文献と、プリニウス自身の知識を組みあわせて執筆されたものです。

当時、地中海一帯を支配したローマ帝国の軍人だったプリニウスは、帝国各地から集められた資料を数多く参照できました。そのため『博物誌』には、東はインドから西はスペインまでの、広い地域から多彩な情報が集まっています。

西暦117年 ローマ帝国の最大領土
塗りつぶされた部分がローマ帝国の領土
ドイツ　ロシア
スペイン　ローマ　ギリシャ
イスラエル
エジプト

プリニウスの没後00年、西暦117年にロ―マ帝国は最盛期を迎え、このように広い領域を支配。世界中から富と知識がローマに運ばれました。

ただしプリニウスが参考にした書籍には、他人からの伝聞や、筆者の空想で作られた「嘘の動物、嘘の生態」がまぎれていました。プリニウスは疑わしい記述を排除し、疑問点は指摘しましたが、すべてのフィクションを排除することはできませんでした。この結果『博物誌』には、比較的現実味のあるモンスターが実在の動物として紹介されたのです。

もうひとつの博物誌『フィシオロゴス』

中世ヨーロッパで『博物誌』と並んで広く読まれていた動物解説書が『フィシオロゴス』です。2〜4世紀ごろのエジプトに住むキリスト教徒が書いた本で、『博物誌』のように、モンスターを含む多くの動物を紹介しています。

ただしその記述はキリスト教の常識にのっとって書かれており、実際の動物の習性とは明らかに違う部分が見られます。

『フィシオロゴス』の構成
1. 聖書のお言葉を紹介
2. 動物の生態
3. そこからわかる教訓

> フィシオロゴスって、ギリシャ語で「自然博士」みたいな意味なんだって！
> 結構ガチガチのキリスト教本だよね。そうだなー、題名をつけるなら、どーぶつでわかるイエス様の教えって感じ！

5〜17世紀
叙事詩、民間伝承のモンスター

ヨーロッパでキリスト教、中東でイスラム教の優位が固まると、宗教対立からモンスターの強さを競う時代は終わりましタ。モンスターは聖人や英雄のようニ、人間と直接相対する存在となリ、その特徴を大きく変えていきまス。

神々の時代から英雄の時代へ

　ヨーロッパにキリスト教が広まった4世紀ごろから、ヨーロッパのモンスター事情は大きな変化を見せます。キリスト教は、数々のモンスターを生み出した既存の宗教を迫害しました。そして、キリスト教自身の神話にはほとんどモンスターが登場しません。モンスターの活躍の舞台は、神話から別の場所に移ったのです。また、キリスト教の伝播が遅かった北欧や東欧でも、モンスターの描かれ方に変化が起きていました。

キリスト教社会では……。 → **キリスト教がヨーロッパを制圧** ← **北欧、東欧では……。**

騎士の物語
　西ヨーロッパでは、キリスト教を深く信仰する騎士が、武器と信仰の力によってモンスターを打ち倒す物語が、貴族など知識層の人気を集めました。

英雄の物語
　キリスト教の伝播が遅かった東欧では、神々が活躍する神話だけでなく、神の血を引く英雄がモンスターを倒す英雄物語が、大衆にもてはやされました。

　このように、キリスト教普及後のヨーロッパでは、全知全能である神やそのしもべがモンスターと戦う物語は作られなくなり、モンスターを倒すのは人間の役目となりました。
　また、これらの物語は従来の神話とは違い、読者を楽しませるために書かれたため、信仰上の理由よりも物語のおもしろさが重視され、物語を盛り上げるような特性を持つモンスターが、騎士や英雄の敵役として配置されるようになりました。

つまり……。
現実の脅威から、物語の配役に

民話伝承では、モンスターはどうなった？

> キリスト教って、たしかほかの宗教のことを弾圧しまくって、ヨーロッパから追い出しちゃったんだよね。
> もしかして、そのときに一緒にモンスターも絶滅させちゃったり!?

> いくらキリスト教が強大な宗教でも、民衆が勝手に信じているモンスターまで滅ぼすことはできません。
> 人間の恐怖から生まれタ、土着のモンスターはしぶとく生き残りましタ。

　キリスト教が、モンスターを生み出した過去の宗教を否定しても、人間の身の回りで起きる不思議な現象に対する恐怖は変わることはありません。民衆はこれらの現象の原因を、これまでと同じくモンスターに求め、その存在を語り継いできました。

　ただし科学が発展するにつれて、人間がこれまで「モンスターのしわざ」として恐れていたことの原因がわかるようになってきます。するとこれらの身近なモンスターを信じる大人は減少し、モンスターは日本でいう「もったいないお化け」のように、子供のしつけをするためのおどかし役に成りさがってしまいました。

左のゴブリンのようなイギリスの妖精は、民衆が語り継いだモンスターの代表格と言えます。

つまり……。
コミカルなモンスターの増加

モンスターを広めた動物寓意集

　「動物寓意集」とは、137ページの『フィシオロゴス』の流れをくむもので、動物の生態を通じてキリスト教の教えを学ぶ文献群です。12～13世紀の西欧で多数制作され、『博物誌』や『フィシオロゴス』のモンスターが多く紹介されています。

　聖職者たちは、動物寓意集に絵をつけて読み聞かせることでキリスト教の布教を行いました。中世の創作によくモンスターが登場するのは、この動物寓意集でモンスターの存在が広まったおかげでもあります。

イングランドの「アシュモル動物寓話集」より、ユニコーンと熊の挿絵。1210年ごろ制作、オックスフォード、ボドリーアン図書館蔵。

> キリスト教の司祭さんって、どっちかというとモンスターの敵なんじゃないかと思ってたのに、逆にモンスターのことを広めてたのかー。なんか意外だなー。

20世紀 文学・創作のモンスター

科学の発展にみんなが注目するなか、モンスターは空想物語の登場人物として細々と活躍していましタ。20世紀中盤、そこに一大転機がおとずれまス。のちにファンタジーの父と呼ばれる小説家、トールキン氏の登場でス。

ファンタジーの父、トールキンの登場

20世紀前半。科学の発展と普及により、創作の世界では、空想の未来世界を舞台にした物語「SF小説」がブームとなり、伝統的なモンスターが登場する創作作品は下火になっていました。しかしそこに革新的な要素を持つ「剣と魔法とモンスターの物語」が発表され、おおいに人気と注目を集めることになったのです。それがイギリス人作家J.R.R.トールキンによる『指輪物語』をはじめとする作品群です。

それまでの「モンスターの物語」と比較すると、トールキンの作品には以下のような目新しい特徴がありました。

	以前の創作	トールキン作品
物語の舞台	現実世界か、現実世界とつながりのあるどこか	現実世界とまったく関係ない架空世界
世界のしくみ	物語の中でだけ語られる	綿密な世界の仕組みが決められている
モンスターの日常	物語で描写される部分以外は考慮されない	物語で描かれない部分も想定されている

本シリーズでトールキンが目指したのは「新しい神話の構築」でした。トールキンは、現実世界とも過去の神話とも直接関係のない、完全に架空の世界をつくりあげ、そこに詳細な歴史、文化、種族、果てにはトールキンが独自に作った新しい言語までも盛り込みました。こうしてトールキンの世界「中つ国（ミドルアース）」は生み出され、モンスターたちはただの敵ではなく、この世界で暮らす住人となったのです。

つまり……。物語の配役から、世界の住人へ

トールキン世界を知るには?

> すっご～い！ お話のために、世界をひとつ作っちゃうなんて！
> どんな世界でどんなお話なのか、わたしも読んでみたいな。どうすればいい？

> トールキン氏が創造した「ミドルアース世界」を舞台にした作品は右の3つでス。
> 最初は『ホビットの冒険』もしくは『指輪物語』から読むことを推奨しまス。

トールキンが生み出した世界「中つ国（ミドルアース）」は、独自の社会を持つモンスターや悪の種族が、冥王サウロンという悪の首領に統率されている世界です。人間たちは悪の勢力に対抗するため、剣や魔法で武装し、エルフやドワーフなどの亜人族と連携しながらモンスターに立ち向かっています。

トールキンは、この「中つ国」世界を舞台にしたファンタジー作品を複数発表していいます。なかでも規模が大きく有名なものは、右にあげる3作です。

「中つ国」世界を舞台とする代表作

ホビットの冒険 1937年	中つ国世界の処女作。小人族（ホビット）のビルボが、ドラゴンに奪われた財宝を取り戻す。
指輪物語 1954年	ビルボの甥フロドが主人公。冥王サウロンを滅ぼすため、呪いの指輪を火山に捨てるまでの冒険。
シルマリルの物語 1977年	『ホビットの冒険』より古い時代を扱う歴史物語。

> 『指輪物語』と『ホビットの冒険』って、どっちも映画になってんだな。アタシは文字ってあんまり読まないから、映画のほうが気楽だ！ えっと、この『ロード・オブ・ザ・リング』と『ホビット』ってやつ？ 題名が違うから気をつけねーと。

トールキン以降の「ハイ・ファンタジー」世界

中つ国世界のように、現実世界とまったく関係ない歴史や文化を持つ異世界を舞台にしたファンタジー作品を「ハイ・ファンタジー」と呼びます。このジャンルの代表作はトールキンの作品ですが、これ以降、『ホビットの冒険』などに影響を受けた多くの「ハイ・ファンタジー」作品が作られています。一例として以下の2作品を紹介します。

ナルニア国物語
1950年　C.S.ルイス

異世界「ナルニア」に召喚された現代の少年少女が、魔法の力を借りて活躍する物語。キリスト教的な要素がふんだんに盛り込まれています。ディズニーと20世紀FOXで映画化されています。

ゲド戦記
1968年　アーシュラ・K・ル＝グウィン

2006年にスタジオジブリが映画化した、多島世界アースシーを舞台にしたファンタジー作品。主人公の少年ゲドは魔法の才能に長け、魔法で恐ろしい影を召喚したため、世界を放浪することになります。

20世紀
ゲームのモンスター

> トールキンの『指輪物語』ハ、本国イギリスよりもアメリカで大ブームになりましタ。
> このブームは小説の世界を飛び出シ、ゲームの世界に波及しまス。そして世界のモンスター観にも大変革をもたらしたのでス。

『Dungeons & Dragons』の登場

> 『Dungeons & Dragons』は、「テーブルトークRPG」っていうジャンルのゲームなんだって。いまでもコンピューターゲームのジャンル名になってるRPG（ロールプレイングゲーム）って言葉は、このゲームが発祥って話だよ！

　『Dungeons & Dragons』、通称"D&D"と呼ばれるこのゲームを生み出したのは、アメリカのゲームデザイナー、ゲイリー・ガイギャックスです。彼は1971年、中世ヨーロッパの戦争を、ミニチュア兵士のコマを使って再現するゲーム『Chainmail』を制作します。

　ですがファンタジー作品の大ファンでもあったガイギャックスは、これだけで満足せず、『Chainmail』のゲーム用コマを使って、ファンタジー世界を冒険したいと考えるようになりました。

　こうして完成した『D&D』は、ゲームの管理者が用意したダンジョンを、複数のプレイヤーがコマをあやつって探索し、モンスターを倒して財宝を手に入れるというゲームになりました。

1974年に発売された『D&D』初版のパッケージ。その後もアップデートが続き、現在では2008年発売の「第4版」が最新です。

『D&D』のモンスターとは？

　『D&D』に登場するモンスターは、最初のころはトールキンの作品などを参考に、古い神話や伝承から、名前や特徴を借用したものが大半でした。しかしシリーズを重ねるたびに『D&D』オリジナルのモンスターが増えていき、シリーズ開始から40年ほど経過した現在では、神話伝承に源流を持つモンスターよりも、オリジナルモンスターのほうが圧倒的に種類が多くなっています。

ゲームがモンスターにもたらしたもの

> 『D&D』って、つまりトールキンの作品みたいな世界で遊ぶためのゲームなんだろ？
> ただのゲームがモンスターを変えたって、ちょっと理解できねーんだけどな。

> 「物語からゲームになった」ということが、もっとも大事な変化でス。具体的にはこのような変化がもたらされましタ。

① モンスターの大量増加

一度書き終えれば内容が変わらない小説と違い、ゲームのプレイヤーは毎回新しい刺激を求めるため、新しい種類のモンスターが大量に必要となります。その欲求に応えていくうちに、『D&D』に登場するモンスターの種類は優に数百を超えてしまいました。これまでの創作になかったモンスターが、ゲームの力で大量に誕生したのです。

② モンスターの強さの定量化

公平なゲーム進行のため、モンスターには筋力や打たれ強さなどのデータが細かく設定されています。このためモンスターは幻想的な敵ではなく、数値で強さを判断できる存在、主人公の前に立ちはだかる、データを持った障害物に変わったのです。

つまり……。
幻想の存在から、強さを定量化した障害物へ

モンスターを広めたコンピューターゲーム文化

『D&D』、すごくおもしろかったけど、少なくても3～4人くらい集まらないと遊べないんだよね。だから「日本に西洋のモンスターを広めたのはコンピューターゲームだ」っていわれて納得いったな。日本人って、そんなにしょっちゅう友達の家に入り浸る習慣ないもんね。

その走りになったのが、パソコンで『D&D』を遊びたいっていう贅沢なことを考えた人たちが作ったダンジョン探索ゲーム『Wizardly』なんだって。すごく売れたらしいよ～。

これと、ダンジョンだけじゃなくて世界を自由に旅できる『Ultima』ってゲームの両方を参考に作られたのが、日本のRPG『ドラゴンクエスト』。日本の西洋モンスター文化は、この『ドラゴンクエスト』の大ヒットのおかげで爆発的に広まったんだってさ！

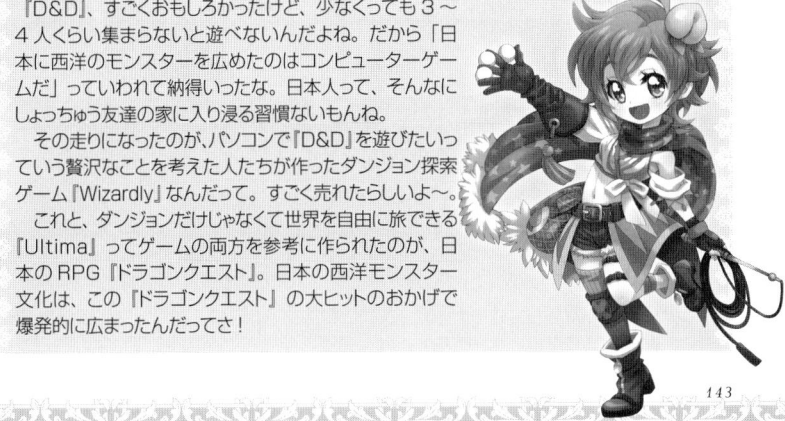

そして……。
現代のモンスターへ

> な〜るほど、やっとわかったよ！
> モンスターがいろいろなのって当たり前だったんだね。だって、時代ごとにいろんな形に変わったモンスターを全部まとめたのが、現代のモンスターなわけだし。

> そのとおりでス。ですが現代のモンスターの世界でモ、またおもしろい変化が起きていまス。
> 敵だったはずのモンスターが、主人公として扱われる作品が増えてきたのでス。

"主人公側"に加わったモンスター

創作に登場する個性的なモンスターたちは、奇妙な現象を起こしました。『ドラゴンクエスト』のスライムのように、主人公より人気のあるモンスターが生まれ、対応するように、モンスターが主役となるゲームが多数生まれたのです。

中世の物語にも、モンスターが主役になったり、主役のお供になる作品はありましたが、それはあくまで物語の都合であり、モンスターに人気があったわけではないのが大きな違いです。

人間が文字で文化を記録し始めてから4000年以上の時を経て、ついにモンスターは、物語の主役という立場を手に入れたのです。

「モンスターが主人公側に立つ」作品の先駆者

ラストハルマゲドン 1988年
人類滅亡後の地球で、外宇宙からの侵略者と戦うゲーム。モンスターが主人公である。

マスターオブモンスターズ 1988年
魔術師が無数のモンスターを召喚し、別の魔術師が召喚したモンスターと戦わせる。

女神転生 1987年
科学の力で神やモンスター（悪魔）を召喚した主人公が、神々やモンスターと戦う。

> 最近日本で人気のある『ポケットモンスター』や『ドラゴンクエストモンスターズ』ヤ、「トレーディングカードゲーム」というゲームの多くガ、モンスターを仲間にシテ、敵と戦うゲームでス。

> アタシたちみたいな神話の時代じゃ、モンスターはとりあえず人間を殺そうとするのが当たり前だったんだけどな。
> モンスターが人間の手下になるなんて、時代は変わったって感じだぜ。

> まぁまぁ、そう言わない！
> むしろフェンリルも流行りに乗っかっちゃおうよ！
> ここに3つのしもべを探しているビーストテイマーの女の子がいるんだけどな♪

> へん、やーなこった〜！

陸！のモンスター
encyclopedia of Terrestrial Monsters
小事典

北欧にいると、
モンスターなんて狼と巨人と蛇
ばっかりだって思いがちだけど、
世界にはいろんなモンスターが
たくさんいるんだぜ！
ちょっと見せてやるよ！
減るもんじゃないしな！

陸のモンスター小事典を読む前に

さあさあ、ここまでだいたい50体くらいのモンスターに会ってきたけど、世の中にいるモンスターはこんなちょっぴりじゃないんだぜ！ もっといろんなモンスターに会わせてやるから、ついてきなよ！

むー、でもまだ古文書が見つかってないじゃん！
遊んでいていいのかなあ？

どなたの手に渡ったのカ、わからないのですかラ、なるべく多くのモンスターに会っておくのはいい方法でス。
ペスカの勉強にもなりますシ。

うん、そう言われるだろうと思って、知り合いのモンスターをたーっぷり集めておいたぜ。これだけいれば誰かが行き先を知ってんだろ！

うんうん！ ねえ、こんどはどんなコたちがいるの!?

とにかくモンスターって言えそうなやつなら、そんなに有名じゃないやつらも含めてたくさんそろえたぜ。海の向こうから来てくれたやつもいるんだ。

やるじゃないフェンリル！
それだけいるならたしかに見つかるかもね、古文書っ！

よっし！ 決まりだな！
それじゃあさっそく出発だ～！

こんなモンスターが登場します

本書のカラーパートでは、ヨーロッパ風ファンタジー作品に登場する、有名なモンスターばかりを紹介しています。

しかし世界には、このほかにも一般的に「モンスター」の一種だと認識されている架空の生物が数多く存在します。小事典では、カラーパートでは紹介できなかったものも含めて、右のような基準で選んだ「陸上で活動するモンスター」合計79体を、モンスターの外見上の特徴を忠実に再現したイラストとともに紹介します。

小事典の収録基準

小事典では、カラーパートでは紹介しなかった、以下のような性質を持つ架空生物も、モンスターとして紹介します。

- アジアの伝承に登場するモンスター
- 南北アメリカ大陸のモンスター
- 「妖精」としても有名なモンスター

ただ、エルフやドワーフみたいな人間に近い種族はモンスターには含めてないぜ。こういった人間に近いけど人間じゃない種族は「亜人」なんて呼ばれてるんだ。同じ亜人でも、ゴブリンやコボルトなんかはモンスターとして紹介したけどな。基本的に人間から見たら敵役でしか出てこない連中だから、モンスターでいいだろ！

データ欄の読み方

※データ確認。小事典のデータ欄にハ、以下の3種類の情報がインプットされていまス。

名前
モンスターの名前です。

ア・バオ・ア・クゥー

生息地：チトール（インド）
出典：『幻獣辞典』（1957年アルゼンチン）

生息地
モンスターが住んでいる場所、国、環境などです。

出典
モンスターが紹介されている資料の名前と出版年、地方、著者などを表示します。

陸！のモンスター小事典

この小事典、モンスターが79体も勢ぞろいしてるんだって！　すっごいねえ！　こんなにたくさんのモンスターを見られるなんてビーストテイマーとして鼻が高いよっ！
せっかくだからたっぷり見せてもらっちゃお〜っと。

アィー

生息地：アフリカ中部の森／出典：『東方地理誌』（1554年フランス）

フランス人修道士アンドレ・トゥヴェの旅行記『東方地理誌』などに登場するモンスターで、ハイートとも呼ばれる。毛皮に覆われた四つ足の獣の胴体に、人間のような頭がついているという奇妙な姿だ。3本ずつの指に生えた幅広の爪で器用に木に登る。外見と生態から見て、ナマケモノに近い動物をモンスターと勘違いしたものかもしれない。

複数の資料によれば、アィーの生態には食事をとっている様子がないため、現地の人々は、アィーは「空気を食べて生きている」と考えていたらしい。『東方地理誌』の作者トゥヴェの、のちの著作によれば、アィーは「アマユ」という樹木の、小さく細い葉だけを食べると考える者もいたという。

アクリス

生息地：スカンジナヴィア半島／出典：プリニウス『博物誌』

北欧のスカンジナヴィア半島に住むという、大柄な鹿のような姿の獣。アクリスと鹿の最大の違いは、アクリスのうしろ足には膝の関節がないことである。そのせいでアクリスは、一度横たわると二度と起き上がれないため、眠るときは木に寄りかかって休むのだという。人間はこの習性を利用して、アクリスが好みそうな木に切れ目を入れておき、アクリスが寄りかかった瞬間に倒れるようにして、倒れたアクリスを捕らえるのだ。

だが、決してアクリスの足は遅くはなく、むしろ「とてつもない走力を持つ」とされている。また、この獣は上唇が非常に発達していて、うしろ向きに移動しながら器用に地面の草を食べるのだという。

アケローン

生息地：地獄／出典：『ウィシオ・トゥンダリ』（12世紀アイルランド）

　12世紀のアイルランドの男性トゥンダリが見たというモンスター。本来アケローンとは、ギリシャ神話に登場する冥府の川（日本で言う三途の川に相当する）の名前だが、トゥンダリの証言によれば、アケローンとは地獄の入り口に鎮座する巨大な怪物である。

　怪物の全体的な外見は説明されていないが、山よりも大きく、開いた巨大な口には9000人の人間が同時に入る。のどの穴が3つあり、それぞれが炎を吐く。体内からは無数の魂の嘆き声が聞こえてくるという。

　アケローンの巨大な口を開けておくため、ふたりの巨人が口の中でアゴを支えている。ひとりは両足で立ち、ひとりは頭で立っている（つまり逆立ちしている）という。

アスプ

生息地：アフリカ北東部／出典：プリニウス『博物誌』

　アフリカ大陸北東部に生息する蛇型の怪物。その視線は見た者を眠らせるとも、視線に含まれる毒気で人間を殺すともいわれている。飛ぶようにすばやく動くとされている。

　プリニウスの『博物誌』によれば、エジプト人はこの蛇を自由にあやつる呪文を知っているという。アスプはこの呪文を聞くと、片耳を尻尾でふさぎ、もう片耳を地面につけて呪文を聞かないよう抵抗するのだ。

　中世の動物誌では、アスプの特徴が『博物誌』から大きく変化し、音楽好きの蛇として紹介されている。アスプは自分が音楽好きであるという自覚があるため、楽器の音が聞こえてくると、上のポーズで耳をふさぎ、音楽を聴かないようにするのだという。

アニメーテッド・オブジェクト

生息地：－／出典：－

　魔法が存在するファンタジー作品では、無生物が魔法の力によって動きだし、まるで生物のように振る舞うことがある。こういった「動く無生物」は「アニメーテッド・オブジェクト」と総称される。

　特に多くの作品で登場するのが、宝石やコインなどの貴重な物品が動き出したものと、全身鎧や武器など、戦闘のために作られた物品が動き出したものだ。前者の代表が、『Wizardly』に登場する「クリーピング・コイン」である。つねに多数の集団で登場し、単体の力は強くないが仲間を呼んで増殖するやっかいな敵である。後者は『ドラゴンクエスト』シリーズに登場する、戦場に放置された鎧が動き出した「さまようよろい」など例が多い。

149

ア・バオ・ア・クゥー

生息地：チトール（インド）／出典：『幻獣辞典』（1957年アルゼンチン）

　アルゼンチンの作家ホルヘ・ルイス・ボルヘスがまとめたモンスター資料集『幻獣辞典』に紹介されているモンスター。半透明の桃のような皮膚を持つ小型の生き物で、体の中から青みがかった光を放っている。

　このモンスターは「勝利の塔」と呼ばれる塔の入り口に住み、塔を登る旅人のカカトにとりつく。旅人が塔の螺旋階段を登るたびにア・バオ・ア・クゥーの光は強まり、彼は「より完全な姿」に変化していくという。ただし『幻獣辞典』には、完全なア・バオ・ア・クゥーがどのような姿なのかは説明されていない。

　旅人が塔の最上階に着いたり、塔を登るのを断念すると、このモンスターはふたたび塔の入り口に戻り、次の旅人を待つという。

アピス

生息地：エジプト／出典：エジプト神話

　エジプト神話に登場する神聖な牛。ハピという別名で呼ばれることもある。

　アピスはほかの多くのモンスターと違い、現実世界に実在するモンスターだった。アピスの神殿を守る者たちは、体に特殊な印（額の白い三角形、右脇腹の三日月など）が浮かんだ黒い牛を1頭選び、それをアピスと認定して崇拝した。アピスはエジプト神話の創造神のひとりである「プタハ」の生まれ変わりであると考えられていたのである。

　アピスは毎日、神殿の隣にある庭に放され、神官たちはその行動を見て未来を占ったという。聖なるアピスは信者に深く敬愛されていたことがうかがわれ、なかにはミイラとして保存されたアピスもいる。

アメミト

生息地：エジプト／出典：エジプト神話

　エジプトの神話に登場する、頭部がワニ、上半身がライオン、下半身がカバの姿をした怪物。名前には「むさぼり食う者」という意味がある。アメミトが"むさぼり食う"のは、悪しき心を持つ死者の魂である。

　アメミトは、冥界神オシリスが管理する死者の裁判所「ふたつの真理の間」に控えている。この部屋では死者の魂を天秤に乗せて、その心が善良か悪かを調べる。悪だと判断された魂は、死後の楽園で暮らす価値なしとみなされて、アメミトにむさぼり食われてしまう。

　エジプトでは古くより、霊魂の不滅と復活が信じられていた。しかし恐ろしいことにアメミトに食われた魂は破滅してしまい、二度と復活できないのである。

アルゴス

生息地：ギリシャ／出典：『イリアス』(紀元前8世紀ギリシャ）

　全身に100の目玉がついている巨人。そのため彼には死角がなく、無数の目が交代で休むため、決して眠ることがないという。
　アルゴスはギリシャ神話の登場人物で、ギリシャ南部のアルゴリウス地方の番人だった。神々の忠実なしもべとして、怪物の母エキドナを倒すなどの功績をあげている。
　アルゴスは、牛に変えられた娘イオを護衛している最中に、伝令の神ヘルメスの魔法の杖によってすべての目を眠らされ、その隙に暗殺されてしまった。アルゴスを寵愛していた女神ヘラは、彼の死を惜しんで、その目玉を自分の愛鳥「クジャク」の尾羽にちりばめたという。クジャクの尾羽についている目玉模様は、アルゴスの目玉なのだ。

アンフィスバエナ

生息地：レムノス島（ギリシャ）／出典：『博物誌』

　このモンスターは2種類の姿で描かれる。ひとつは、長い体の両端に頭がついた蛇。もうひとつは、尻尾のかわりに蛇の頭がついた有翼のドラゴンである。より古い形は前者の双頭蛇で、ギリシャ神話の物語に登場する。このアンフィスバエナは、酒と狂気の神ディオニュソスの眠りを覚まして彼の怒りを買い、ブドウのツタで打ち殺された。
　プリニウスの『博物誌』では、アフリカ北東部のエチオピアに住む蛇として紹介され、頭がふたつある理由を「毒を吐き出すのに口ひとつでは足りないから」だとしている。
　それから1000年以上あとの中世ヨーロッパでは、ドラゴンに近い姿に変わったアンフィスバエナが紋章に描かれることが多かった。

ヴァンパイア

生息地：ヨーロッパ／出典：民間伝承

　日光を嫌い、人間の血を吸って生きる吸血種族。19世紀末の傑作ホラー小説『ドラキュラ』以降、十字架やニンニクを嫌う、コウモリに変身する、血を吸った者を吸血鬼に変える、心臓を杭で突かれない限り死なないなどの特徴で広く知られるようになった。
　現在知られている吸血鬼の特徴は、東ヨーロッパの伝統的な吸血鬼各種が持つ特徴を混ぜあわせたもので、おおむね伝承のとおりだといえるが、ひとつだけ重大な違いがある。現代の吸血鬼は犠牲者の首筋から血を吸うが、伝統的な吸血鬼は、寝ている人間の胸から血を吸うのである。首筋にかみつく描写は、吸血の場面を印象的に見せるという創作上の都合から生まれたフィクションなのだ。

ウォーグ

生息地：不定／出典：『指輪物語』

　ワーグ、ウォーグウルフとも呼ばれる。狼によく似た外見だが、狼よりも体格が大きく、知性もあるというモンスターである。人間や亜人の言葉を話すことはできないが、その吠え声は原始的な言語となっており、これで自分の乗り手たちと意思疎通を図ることができる。近年の創作作品では、ゴブリンやオークなどの邪悪な亜人族が、馬のかわりに乗り物にしている場面がよく見られる。

　狼の上位種族とも呼べるウォーグの初出は、トールキンの『指輪物語』であるが、ウォーグという単語自体はそれ以前から使われていた。北欧ではウォーグとは狼の呼び名であると同時に、北欧神話の巨狼フェンリルや、その息子たちの総称でもあった。

ウロボロス

生息地：不詳／出典：不詳

　ウロボロスとは、自分の尻尾にかみついて、円形になった蛇の意匠である。近年の創作ではモンスターの一種とされることもあるが、実際にはモンスターというよりも「世界の法則をあらわす図形」のほうが近く、生物というよりは概念的な存在だった。

　ウロボロスの図像にはさまざまな意味がある。自分の尾を噛む、つまり始まりと終わりをつなげるという形には、無限大、循環、一体性などの意味が込められている。これらの意味からの連想で、ウロボロスは錬金術師の理論、キリスト教から派生した異端宗派「グノーシス主義」の教義など、さまざまな分野、宗教において、その理論を体現する図像として利用されたのである。

エキドナ

生息地：ギリシャ／出典：ギリシャ神話

　ギリシャ南部、アルカディア地方の洞窟に住んでいたという女性型のモンスター。上半身が人間の女性、下半身が蛇という姿をしている。彼女は洞窟のなかから美しい上半身だけを見せて人間の男を誘い込み、捕らえて食い殺すモンスターである。

　エキドナはさまざまな怪物を産み落とした「モンスターの母」としても有名だ。彼女の子供のなかでは、地獄の番犬ケルベロス（→p62）とオルトロス、ヘラクレスが退治した不死身の多頭蛇ヒュドラ、合成獣キマイラなどが代表的である。さらにネメアの獅子（→p166）とスフィンクス（→p161）は、彼女が息子のオルトロスと母子相姦のすえに産み落とした子供だとされている。

152

エティン

生息地：イギリス／出典：『あおいろの童話集』（1889年）

　北欧で巨人という意味の「ヨトゥン」を、12世紀ごろまで使われていた古い英語「古英語」読みしたもの。1889年、イギリスの童話作家アンドルー・ラングが、イギリスの民間伝承からこの巨人の物語を収集して出版したことで、世間に知られるようになった。

　現在ではエティンといえば、頭がふたつあり、それぞれが別人としての意識を持つ巨人として描写されることが多いが、本来の物語では、エティンの頭は3つあり、知性の高い巨人である。3つの頭がひとつずつ、合計3つの質問を人間に投げかけ、回答できない人間を食べてしまうのだ。しかし全部の質問に回答すると無力化されるため、物語の主人公に首を落とされて殺害されてしまった。

カーバンクル

生息地：パラグアイ／出典：『アルゼンテナ』（1602年）

　スペイン人司祭センテネラが記した『アルゼンテナ』に書かれたモンスター。「燃える石炭のごとく輝く鏡を頭に乗せた小さな生物」とされるが、正確な外見は不明。近年の創作では、ウサギやリスのような動物、顔から直接手足と長い耳が生えたような外見で描かれることもある。

　カーバンクルとは、もともと小さな石炭を指す言葉で、ルビーやガーネットなど赤い宝石の異称としても使われる。そのためか、カーバンクルの額には宝石があり「その宝石を手に入れると、富がもたらされる」と考えられるようになった。何人もの人が、宝石目当てにカーバンクルを捕まえようとしたが、結局捕えた者はいなかったという。

火鼠（かそ）

生息地：中国／出典：『発蒙記』（4世紀）など

　別名「火光獣」。赤または白い体色で、長い毛が生えている怪物。体から炎のような光を発し、大きさがネズミと同じくらいなので「火鼠」と呼ばれる。このモンスターが住んでいるのは中国の南方にある火山で、この山は昼夜を問わずに燃え続けているという。火鼠はこの炎の中で暮らしており、火に耐性のあるモンスターだと考えられている。

　火鼠の毛を編んで作った布のことを「火浣布（かかんぷ）」という。この布は決して燃えないうえ、使用して布が汚れた場合、火で燃やせば清潔になるとされた。ちなみにかつて中国では、理科の実験などでビーカーを熱するときに台に使う、金網に塗られた白い物質「石綿（アスベスト）」のことを、火鼠の皮と呼んでいた。

花魄（かはく）

生息地：中国／出典：民間伝承

　花魄の「魄」とは、人間の魂を意味する単語「魂魄」の一字で、おおざっぱに言うと肉体を人間の形につなぎとめる精神エネルギーのことである。つまり花魄とは花の魂魄、すなわち花の精ということになる。

　中国の伝承によれば、花魄とは3人以上の人間が首を吊った樹木に宿る精霊で、自殺者の恨みが凝り固まって生まれるものである。その外見は手のひらに乗るくらいの大きさの美女で、肌は白く、体には毛がまったく生えていない。声は小鳥の鳴き声のようで、人間と会話することはできないという。

　花魄は木の精なので、水を与えないでいると干からびて死んでしまうが、体に水をかけてやれば生き返るとされている。

窮奇（きゅうき）

生息地：?山（中国）／出典：『山海経』（紀元前中国）

　牛の体からハリネズミのような針が生えた怪物。犬のような鳴き声をあげ、人間を捕らえて食べる習性があるという。そのときは頭から、もしくは足からかじりつく。窮奇の好物は髪の長い人間だという。

　以上の記述は中国最古の地理書『山海経』に書かれたものだが、その後の時代の書物では「翼の生えた人食い虎」だと書かれており、かなりの違いが見られる。

　この時代の資料には、窮奇は「人間が喧嘩しているときは正しいことを言っているほうを食べる。誠実な人がいればその鼻を食べ、悪人がいれば獣を捕らえてプレゼントする」とも書かれており、邪悪なモンスターという性質が強調されている。

キリム

生息地：コンゴ民主共和国／出典：ニャンガ族伝承

　アフリカ中南部のコンゴ民主共和国（旧称ザイール）の伝承に登場するモンスター。七つの頭、七つの角、七つの目を持つ異形の怪物である。口には犬の牙が、尾には鷲の尾羽が生えている。

　キリムは普段は森のなかでじっとして過ごし、空腹になると森を出て人間を襲い、丸呑みにしてしまう。ところがこのように飲み込まれた人間はすぐに死なず、キリムの体の中で生きているらしい。

　ニャンガ族の伝承よれば、ひとりの英雄がキリムを退治し、その体を裂いたところ、中から大勢の人間が飛び出してきた。この人間たちは1か所に集まり、ひとつの部族として暮らすようになったという。

ギリメーカラ

生息地：不詳／出典：スリランカの伝承

インドの南東にある大きな島、仏教国スリランカの伝承に登場するモンスター。黒くて巨大な象のような生物で、仏教の開祖として知られるブッダの悟りを妨げようとした大悪魔マーラの乗り物だとされている。

ちなみにこのモンスターは、インドで信仰されているヒンドゥー教の雷神インドラが乗る有翼の白象「アイラーヴァタ」と同じ存在である。インドは仏教の発祥の地である一方、仏教以前から存在していた宗教「ヒンドゥー教」も大きな勢力を持っていた。そのため双方が、おたがいの神や神の乗り物を「悪魔である」と批判していた。このためヒンドゥー教の聖なる獣が、仏教国スリランカでは邪悪な黒いモンスターとされてしまったのだ。

麒麟（きりん）

生息地：中国／出典：中国の伝承

ビール会社のロゴとしても有名な聖獣。黄色い鹿のような胴体から、龍のような顔と牛の尻尾、馬のひづめ、五色のたてがみが生えている。非常に優しい性格で殺生を嫌う。

一説によれば麒麟は、1000年の寿命を持つ長命な生き物である。ゆるやかに曲がりながら歩けば足跡が正確な円になり、急速に曲がれば完全な直角になる。その鳴き声は中国音楽の音階を正確にあらわしているという。

15世紀前半にはアフリカから、現在日本の動物園でも「キリン」として紹介される、ジラフという動物が中国に持ち込まれた。皇帝はこれを麒麟の実物だと考えて非常に喜んだため、これ以降中国や日本では、ジラフのことをキリンと呼ぶようになっている。

クアール

生息地：／出典：『宇宙船ビーグル号の冒険』（1950年アメリカ）

SF小説『宇宙船ビーグル号の冒険』に登場する怪物。外見は巨大な猫で、毛皮の色は黒。ただし耳のかわりに巻きひげのような触角が生えていて、その先端には吸盤があり、細かい作業をすることができる。生物を殺し、餌として細胞内のカリウムを摂取する。

知能の高いクアールは、無害なふりをして生体サンプルとして宇宙船に潜り込むと、数十人を殺害。脱出ポッドで逃げようとしたが、宇宙船の砲撃で撃墜され死亡した。

このモンスターはSF作品のモンスターだが、日本のコンピューターRPG『ファイナルファンタジー』シリーズで"クアール"の名前で敵モンスターとして登場し、シリーズの定番モンスターとなっている。

クジャタ

生息地：オリエント／出典：イスラム教など

中東諸国の神話伝承に登場するモンスター。伝承国ごとに特徴が大きく異なる。

イスラエルの伝承では、クジャタは山のように大きな体の牛である。体には長い毛が生えていて、厳しい直射日光や夜の寒さをやわらげる。また一部の毛は青い光を放ち、持ち帰れば強力な魔除けになるといわれている。背中にはラクダのようなコブがふたつあり、中にはルビーが詰まっている。

中東のクジャタは、バハムートという巨大魚の背中に乗って、その体で世界を支えている。外見はイスラエルのものと同様に巨大な牛だが、頭に目、耳、口、鼻がそれぞれ4000個ずつついていて、胴体にも4本ではなく4000本の足が生えている。

グダナ

生息地：イラク／出典：『ギルガメシュ叙事詩』

通称「天の牡牛」。世界最古の英雄物語のひとつである中東の『ギルガメシュ叙事詩』に登場する。この牡牛は中東の「メソポタミア神話」の女神イシュタルが、自分の誘惑を拒絶した英雄ギルガメシュに罰を与えるため、天空神アヌに作らせたものである。鼻から毒の息を吹き出す能力があり、一吹きで100人の戦士を殺せるほどの威力がある。

英雄ギルガメシュとその友人である野人エンキドゥは、まずエンキドゥがグダナの角をつかんでその動きを止め、（おそらくギルガメシュが）あごと角のあいだに剣を突き刺してグダナを殺害した。その後、グダナの心臓は神に捧げられ、グダナの手足はばらばらに切断されてしまったという。

グライアイ

生息地：世界の果ての島／出典：ギリシャ神話

ギリシャ神話に登場する三姉妹の老魔女。蛇の髪の毛で有名なゴルゴン三姉妹（➡ p158）と同じ島に住んでおり、彼女たちの妹だとする説もある。三姉妹はそれぞれパムプレド、エニュオ、デイノという名前である。

彼女たちの外見は、基本的には人間の老婆と変わりないが、目玉と歯が3人でひとつしかないので、これらを必要に応じて姉妹で使い回して暮らしている。グライアイたちの姉であるメドゥーサを退治しに来た勇者ペルセウスは、グライアイのたったひとつの目玉を盗み、それを人質にしてメドゥーサの居場所を聞き出した。その後、ペルセウスの到来をメドゥーサに知らされるのを避けるため、目玉を湖に投げ捨てたという。

グレイマルキン

生息地：イギリス／出典：民間伝承

　グリマルキンとも呼ばれるメス猫のモンスター。「マルキン」とは猫の異称であり、灰色の猫という意味になる。凶暴な猫の妖精で、健康な人間に取り憑いて生命力を奪い取る。この妖精は奪い取れる生命力を求めて、血がたくさん流れる場所、つまり戦場や処刑場にもあらわれるという。

　この名前を猫の名前としてはじめて紹介したのは、16世紀イギリスの小説家ウィリアム・ボールドウィンの『猫にご用心』である。その後、イギリスの劇作家シェイクスピアのオペラ『テンペスト』では、恐ろしい3人組の魔女が飼う使い魔の灰色猫が「グレイマルキン」と呼ばれており、この作品がきっかけとなって広く知られるようになった。

ケットシー

生息地：スコットランド／出典：民間伝承

　イギリス北部、スコットランドの伝承に登場する猫妖精。直立した黒猫のような姿をしているが、ふつうの猫よりも大柄で、犬くらいの大きさである。胸には白い斑点があり、背中が弓状に曲がった姿勢で立つ。

　スコットランドの民話「猫の王様」では、ケットシーたちが普段は人間界で暮らしつつも、ケットシーの社会を作り、道具や衣服を使い、王を決める習慣があることが書かれている。余談だが、東映のアニメ『長靴をはいた猫』シリーズの主役として知られる"ペロ"も、ケットシーの一種だと考えられる。

　スコットランド高地地方には、ケット・シーの正体は妖精ではなく、猫の邪神だと考える住人も多かったという。

牛頭・馬頭（ごず・めず）

生息地：地獄／出典：仏教説話

　仏教の経典などにあらわれるモンスター。牛頭はたくましい人間の体に牛の頭がついており、馬頭は人間の体に馬の頭を持った姿のモンスターである。牛頭、馬頭というのは中国や日本での呼び名で、仏教の本場インドでは、牛頭はゴーシールシャ、馬頭はアシュヴァシールシャと呼ばれる。

　牛頭と馬頭の役目はいわゆる「地獄の獄卒」のリーダー的存在で、地獄に堕ちてきた人間の亡者を痛めつけるのが仕事である。

　牛頭は日本の物語集にも数多く登場し、人間の敵として退治される役どころが多い。馬頭のほうは牛頭ほど有名ではなく、物語に登場するときは牛頭と2人1組で登場することが多いようだ。

ゴルゴン

生息地：世界の果ての島／出典：ギリシャ神話

 外見は人間の女性だが、頭髪のかわりに蛇が生えている怪物。牙には毒があり、姿を見た者を石に変えるという能力を持っている。
 ゴルゴンは三姉妹のモンスターであり、勇者ペルセウスに退治されたことで有名な三女メドゥーサのほか、長女ステンノ、次女エウリュアレの３人の名前が伝わっている。
 ゴルゴンの外見については複数の説があり、「イノシシの歯、青銅の手、黄金の翼を持っている」とするものや、「腰に蛇を巻いている」「下半身が、イノシシと馬あわさったような姿」で描かれたものもある。有名な石化能力も、古い伝承では、見た者を恐怖で（石のように）硬直させるだけで、後世になってこの能力が誇張されたと思われる。

コロコッタ

生息地：エチオピア／出典：プリニウス『博物誌』

 別名、レウクロコタ。エチオピアに住むライオンのメスが、ハイエナのオスとと交わったときに生まれる怪物である。
 コロコッタには歯茎がない。かわりにあごの骨がそのまま盛り上がっていて、そこから直接、歯のような突起が生えているという。この歯は非常に鋭く、コロコッタはこの歯がすり減らないように、つねに口を閉じて歯を保護しているという。また、人間や牛の声のまねをするという特技も身につけている。
 別の資料では、コロコッタはあらゆる物を噛みちぎれるほど歯が鋭く、物を飲み込めばすぐ消化してしまう。口を閉じると上下の歯がしっかりはまりこむため、決して歯が欠けることがないとされている。

渾沌（こんとん）

生息地：中国／出典：中国の伝承

 善人を忌み嫌い、悪人にこびる邪悪な怪物。一説によれば天地開闢のころから存在していたというが、帝江というモンスターの子供であるということ以外一切の来歴が不明な謎のモンスターである。
 長毛種の犬のような外見だが、足の形は熊のようだが爪がなく、目はあるが盲目、耳もあるが聞こえないため、日々を何の目的もなく過ごし、自分の尻尾をくわえてぐるぐると同じ所を回るだけである。
 渾沌はその名のとおり、英語でいうところのカオス、無秩序な混沌をあらわすモンスターである。同時に邪悪な性質も持っており、善人や弱い者にぶつかり、悪人や強い者にはすりよろうとする。

ザントマン

生息地：ドイツ／出典：民間伝承

　名前の意味はドイツ語で「砂男」。ドイツに伝わる、人間に眠りをもたらす妖精である。
　ザントマンの外見は、大きな袋をかついだ老人だとされているが、ザントマンの姿は人間には見えないとされており、なぜ彼の外見がわかるのかは不明である。彼がかついだ袋から砂を取り出して振りかけると、どんな人間でもすぐに眠ってしまう。ザントマンは夜になると人間たちの目に砂をかけて回るため、人々はみな夜に眠るのだという。
　古くからドイツでは、夜更かしする子供を寝かしつけるために「ザントマンが来るよ」というおどしが使われた。この言い伝えでは、ザントマンは夜更かしする子供から目玉をくりぬく、恐ろしい妖精になっている。

ジャバウォック

生息地：不明／出典：『ジャバウォックの詩』（1871年イギリス）

　ルイス・キャロルのファンタジー小説『不思議の国のアリス』シリーズの2作目、『鏡の国のアリス』に収録された詩、『ジャバウォックの歌』で紹介されたモンスター。
　この詩のなかでは、ジャバウォックは鋭い爪を持ち、アゴで敵に食らいつくことと、飛行能力を持つことが紹介されているだけで、それ以上の具体的な描写はない。ただし同書の挿絵では、ジャバウォックは魚のような頭部と長い首を持ち、袖無しのチョッキを着た異形のドラゴンという姿で描かれた。
　この詩でジャバウォックの首をはねた「ヴォーパルソード」という剣は、RPG『Dungeons & Dragons』において、敵の首を斬る魔法の武器として登場している。

猩々（しょうじょう）

生息地：中国／出典：『山海経』

　紀元前1世紀ごろの中国の地理書『山海経』に登場し、その後も各地の伝承や書物で紹介されるモンスター。
　近年ではオランウータンのような猿系の外見で紹介されることが多い（中国ではオランウータンのことを猩々と表記している）が、古い文献では、人の顔をした青い獣、人の顔に犬の体などと表現されている。
　猩々は人間の言葉を話すことができ、特に酒を好むことで知られる。酒と履き物を置いておくと、最初は「俺をおびき寄せるつもりだろう！」と怒鳴って立ち去るが、しばらくすると戻ってきて酒を飲み、履き物を履いて、その履き物のせいで身動きが取れなくなって捕まってしまう。

燭陰
生息地：鐘山（中国）／出典：『山海経』

中国の地理書『山海経』に登場する神。人間のような顔を持つ巨大な赤い蛇で、胴体の長さは千里（約500km）に達するという。後世の文献などでは、人間なら横にふたつ並んでいるはずの両目が、縦に並んでいるとする記述も一部に見られる。

燭陰は中国の北方にあるという「鐘山」という山に住んでいる。この神が目を開ければ世界は昼となり、目を閉じれば夜になる。息を吹けば冬となり、息を吐けば夜となる。つまり燭陰は世界の季節と天候、太陽の運行を象徴する存在なのである。

つねに飲まず食わずで呼吸もしない燭陰が息を吐くときは、上記のように季節が変わるときか、暴風が吹き荒れるときである。

中国の博物誌『山海経』

ヨーロッパに地理、生物、文化をまとめた博物書『博物誌』があるならば、中国には『山海経』がある。

全18巻からなる『山海経』は、紀元前の中国における神話と伝説の集大成であり、数多くの動植物、モンスターなどが紹介されている。特筆すべきは、多くの項目に図や挿絵がついていることだ。

最新の研究では紀元前5世紀～紀元前3世紀ごろに、中国南部の大国「楚」で、複数の知識人によってまとめられた本だと考えられている。

スキタイの羊（バロメッツ）
生息地：ウクライナ／出典：オドリコ『東洋旅行記』（1330年イタリア）

ロシアの西にある東欧の国ウクライナには、かつて「スキタイ人」という民族が住んでいた。14世紀イタリアの宣教師オドリコのまとめた『東洋旅行記』によると、ウクライナには巨大な実がなるメロンがあり、その実が成熟して割れると、中から子羊のような小動物が生まれてくるという。

この奇妙な「植物の羊」の話題は、その後マンデヴィルの『東方旅行記』など多くの著作で紹介され、ヨーロッパ中で広く知られるようになった。これらの本の挿絵では、この「植物の羊」は上で説明したメロンのような地面をはうツタ植物ではなく、樹木の枝の先端に果実がついていて、果実が割れて中から羊が出てくる、という形で描かれている。ほかにも、立派な体格の羊のヘソから木の幹が生えていて、それが地面につながっている、という奇妙なイラストも多数描かれている。

スキタイの羊という名前は、この植物が生えているとされるウクライナ地方に、スキタイ人と呼ばれる騎馬民族が住んでいたことから名付けられたものである。

後世の研究によれば、スキタイの羊とは、実在する植物の生態を、西洋人が勘違い、あるいは誇張して紹介したものだという説が根強い。例えば中国北部に自生するバロメッツという植物は、若葉に綿毛が密生するため、これを採取して織物に使用されることがあった。この事実が誇張され、植物から（毛織物の原料、羊毛がとれる）羊が生まれるという誤解につながったという説だ。

スフィンクス

生息地：エジプト、ギリシャ／出典：ヘロドトス『歴史』など

スフィンクスという名前を聞いて日本人が連想するのは、ほぼ例外なく、エジプトの砂漠に鎮座して人間になぞなぞを出すことで知られる、獣の胴体とファラオの顔を持つ石像のことだろう。しかしヨーロッパにはこのほかにも、古来からギリシャの神話伝説に登場する、まったく別のスフィンクスがいるのだ。

ギリシャのスフィンクスは、エジプトのスフィンクスを参考にして作られた存在だ。そのためライオンの体に人間の上半身という基本形態はエジプトと同じことと、性別が女性であり、豊かな乳房が胸部についているという、独自の要素が追加されている。この形態のスフィンクスは「アンドロ（人頭）スフィンクス」と呼ばれ、ほかにも頭が羊のもの、鷲のものなどがいたようだ。

なお、スフィンクスが人間に謎かけをするという伝説は、エジプトのスフィンクスに由来するものだと誤解されているが、実際には謎かけをするのはギリシャのものだけだ。

ギリシャのスフィンクスは、オルトロス（➡p62）またはテュポン（➡p165）がエキドナ（➡p152）に産ませた子供であり、女神ヘラの命令で、街道の近くにある崖の上から、旅人に「朝は4本、昼は2本、夕べには3本足で歩く生き物は何か？」という有名な謎かけをして、答えられなかった者を食っていた。

だがオイディプスという英雄がこの謎を解いてしまったため、スフィンクスは崖から身を投げたとされている。

スプリガン

生息地：イングランド／出典：民間伝承

妖精界の入り口や、宝のありかを守るガードマンのような妖精。妖精は一般的に、自分たちのすみかに人間たちが踏み込むことを好まないため、スプリガンがガードマンとして働き、人間を追い払っているのだ。

スプリガンの伝承は、イングランド南西部のコーンウォール地方に多い。彼らは醜い外見で、イングランド人部分の妖精と同じように小さな体の持ち主だが、体を巨大にみせかける能力を持っている。これで侵入者をおどかして追い払うことを得意とする。

もし不用意にスプリガンの守る領域に踏み込んでしまった場合、スプリガンは塩水に触れられないので、海に飛び込めば追撃をかわすことができる。

スフィンクスの顔がファラオな理由

エジプトのスフィンクスが「ファラオの顔にライオンの体」という姿なのは、エジプトでもライオンは「百獣の王」だからだ。偉大なファラオと、獣の王であるライオンを組み合わせることで、ファラオの偉大さを強調しようとしたのである。

ちなみに、エジプトのスフィンクスの顔は人間ばかりではなく、羊や鷹の顔であることもあるが、これにも宗教的な理由があるらしい。例えば羊の頭は、一時期エジプトで神々の王として崇拝された太陽神アメン・ラーに仕える聖獣なのだ。

スラード

生息地：混沌の次元界／出典：ゲーム雑誌『White Dwarf』

　ヒキガエルが直立した人間のようになった外見のモンスター。体格は人間より大きく、戦士としても強力な種族である。

　スラードの種族は、もっとも弱く数が多いレッド・スラードのほか、魔法を使うグリーン・スラード、グリーンの上位種であるグレイ・スラード、強靭な戦士であるブルー・スラードというように色で分類されている。彼らは秩序を好まない混沌の生物であるため、大きな群れを形成することはないが、デス・スラードという最上位種に率いられる場合は、恐怖からデス・スラードに従う危険な軍団となる。

　彼らスラードのすみかは、高熱や冷気、正負の生命力などがマーブル状に混ざり合った危険な世界「混沌の次元界」である。

ゾンビ

生息地：ハイチ／出典：ブードゥー教の信仰

　正式な発音はゾンビー。現代のファンタジー系創作では、生物の死体が邪悪なエネルギーの影響で動き出したものと解釈されることが多いが、本来のゾンビは善悪とは一切関係なく、アメリカの南、カリブ海に浮かぶ島国「ハイチ」に伝わる宗教「ブードゥー教」の司祭が魔術によって作成する、死体を材料にしたロボットのような存在である。

　ブードゥー教において司祭と呪術師を兼ねる階級「ボコール」は、ゾンビ・パウダーと呼ばれる有毒な薬を死者に飲ませることで、人間の死体を、術者の命令どおりに動く奴隷に作り変える。ブードゥー教のゾンビは、創作のゾンビにありがちな、傷つけた相手をゾンビに変える能力は持っていない。

太歳（たいさい）

生息地：地中（中国）／出典：民間伝承

　中国で、地中に住むとされる異形の肉のかたまり。『太平公記』という書物では、数千の目玉がついた赤い肉塊とされる。

　このモンスターはその名のとおり「太歳という神」、具体的には木星の化身であり、天井の太歳の動きにあわせて地中を移動する。太歳の体は不老不死の霊薬だという伝承があるが、一方で太歳を掘り出すことは神に対して非常に失礼なことなので、すぐに埋め戻さなければたたりを受けるという伝承もある。

　現代の中国では、しばしば「地中から太歳を掘り出した」というニュースが報道される。この太歳の正体は「変形菌」と呼ばれるもので、地中で成長した菌類の巨大な固まりだとする説が有力である。

タイタン

生息地：ギリシャ／出典：ギリシャ神話

　天空神ウラノスと大地母神ガイアのあいだに生まれた12人の巨人たち。タイタンは英語読みで、ギリシャ語ではティタン、あるいはティターンと呼ぶ。ただし彼らの子孫の一部もティタンに含める場合がある。

　ティタンたちは外見がたいへん醜かったため、父ウラノスは彼らを妻ガイアの腹の中に押し込んだ。これを恨みに思ったガイアとティタンは反乱を起こし、ティタンのひとりである農耕神クロノスが、父ウラノスの男根を鎌で切り取って王座から追放したのである。

　その後、息子ゼウスに反乱を起こされたクロノスは、ティタンたちを率いてゼウスたち若い神々と戦い、敗れ去った。これが神々の大戦争「ティタノマキア」である。

タッツェルヴルム

生息地：オーストリア／出典：民間伝承

　ドイツの南東にある国オーストリアの高地地方（アルプス山脈周辺）にあらわれる、体長60cmあまりのドラゴンの一種。

　日本でいうツチノコのように寸詰まりの胴体を持つ蛇で、このモンスターを目撃したという猟師は「体は葉巻のように太く短い」と表現している。尻尾も"まるで断ち切られたかのように"短く、蛇のようにシュウシュウと鳴くという。ただし日本のツチノコや普通の蛇とは違って、小さく萎縮した4本の手足がついているという。タッツェルヴルムは猛毒を持ち、噛まれた人間は死ぬという伝承もある。

　別の伝承では、タッツェルヴルムは巨大なトカゲの体から猫の頭が生えたモンスターと解釈されることもあった。

タナク

生息地：中東／出典：『東方地理誌』（16世紀イギリス）など

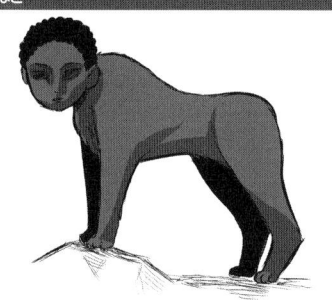

　アンドレトゥヴェの旅行記『東方地理誌』や、フランスの外科医アンブロワーズ・パレの動物誌『怪物と驚異』など、16世紀前後の旅行記に広く登場する怪物。

　真っ黒な虎の胴体から人間の頭が生えており、その頭髪は縮れている。また、虎とは違って尻尾を持たないという特徴がある。

　このモンスターは、現地の人間によって狩り出され、食料として食べられていたらしい。上記の『怪物と驚異』には、黒い肌の原住民たちがタナクに向かって弓を射かけている挿絵が収録されている。この挿絵では、タナクのうしろ足は3本指の獣だが、前足についている手首は、まるで人間や猿の指と同じように描かれている。

ダルヴ・ダオル

生息地：アイルランド／出典：ケルト神話

　アイルランドのケルト神話に登場する、黒い甲羅の昆虫。人体の負傷部位に寄生して、生命力を吸い取る能力を持つ。

　アイルランドの神の一族である「トゥアハ・デ・ダナーン」族の王ヌァザは、戦いで切り落とされた腕を補うために銀色の義手をつけ、その義手の銀色の外見から「アガートラーム（銀の腕）」と呼ばれていた。

　ヌァザはもともと強力な戦士だったが、義手と腕のつなぎ目にダルヴ・ダオルが寄生していたため、力を吸い取られて本来の力を発揮することができなかった。その後ヌァザは、義手を作った医療の神ディアン・ケヒトの息子たちに本物の腕を作り直してもらい、本来の力を取り戻している。

ディスプレイサー・ビースト

生息地：ダンジョン、鉱脈／出典：『Dungeons & Dragons』

　『Dungeons & Dragons』で創作されたモンスター。体長は約2.7m。藍色の毛皮を持つ6本足のヒョウで、両肩から先端にとげの生えた触覚が1本ずつ生えているのが特徴だ。

　ディスプレイサーとは「移し替える」という意味の英単語である。このモンスターは、自分の体をイセリアル界という「異次元」に移動させる能力を持っている。

　イセリアル界とは「エーテル界」とも翻訳され、我々が住む現実世界と平行に寄り添うように存在している。ディスプレイサー・ビーストは、自分の身に武器で攻撃されるなどの危険が迫ると、自分の体を一瞬でイセリアル界に移して攻撃をやり過ごし、ふたたび現実世界に戻ってくるのだ。

テウメッソスの狐

生息地：テウメッソス地方（ギリシャ）／出典：ギリシャ神話

　肉食のメス狐。都市を襲って人間の子供を食べるという恐ろしい怪物である。

　この狐は「決して何者にも捕まらない」という運命を持つため、人々は狐の襲撃に対応できず、毎月ひとりの子供を狐に差し出していた。この狐を仕留めたのは猟師でも英雄でもなく、神々の采配だった。

　あるときケパロスという男が狐を捕らえる役目を引き受けることになった。彼の猟犬ライラプスは「どんな獲物も逃さない」という運命を与えられた猟犬だったからである。

　何者にも捕まらない狐が、どんな獲物も逃さない猟犬に追われるという矛盾に直面した最高神ゼウスは、運命に逆らわないために、狐と犬を両方とも石に変えてしまった。

テュポン

生息地：エトナ山（イタリア）／出典：ギリシャ神話

　半蛇半人の怪物。頭からふとももまでは人間だが、ふとももから先が太い蛇の尾になっている。背丈は天に届くほどで、両腕を広げれば世界の端から端まで届く。肩からは無数の蛇の頭が生えていて、それらは炎のように燃えていたとも、動物や神々などあらゆる声が発せられていたともいわれている。

　母神ガイアの命令を受けたテュポンは、山脈を持ち上げるほどの怪力、決して疲れないスタミナ、目と口から火を放つなどの能力で、ギリシャ神話の神々に戦いを挑み、一時は勝利を得たが、その後最高神ゼウスの反撃にあい、ゼウスが投げつけた山の下に封印され、山の下で火を吹き続けた。これがイタリアの活火山「エトナ山」だとされている。

デュラハン

生息地：アイルランド／出典：民間伝承

　基本的な外見は全身に甲冑を着込んだ騎士だが、あるべき位置に首はなく、自分の首を小脇にかかえた状態で出現するモンスター。生きている人間の死を予言し、それはかならず的中するといわれている。

　近年の創作作品では、デュラハンはよこしまな力によって復活したアンデッド・モンスターとして紹介されることが多いが、本来の伝承では、デュラハンは動く死体などではなく、アイルランドの伝承に登場する妖精の一種である。外見も甲冑をまとった騎士ではなく、女性のことが多い。

　死を予告する女性型の妖精ということで、デュラハンはバンシー（→p167）と同種の存在と考えられている。

饕餮（とうてつ）

生息地：中国／出典：中国神話

　中国の神話伝承で知られる悪しき怪物。牛または羊のような体に、曲がった角、虎の牙、人間の顔と爪などを持つ姿で描かれる。

　饕餮はきわめて邪悪かつ貪欲な性格で、飲み物と食べ物をむさぼり食い、財宝やお金をかき集め、それでも満足できずに他人の所持品を盗み取る。しかもずる賢いことに、群れている人間は略奪の対象にせず、ひとりぼっちの弱者ばかりを狙うのだ。また、こうして奪い取った宝を弱者や貧しい者に分け与えることもしないという。

　饕餮は、中国を代表する邪悪な怪物「四凶」に含まれるなど邪悪なモンスターとして知られるが、何でもむさぼり食うという特徴から、魔除けとして使われることも多い。

ドライアド

生息地：中国／出典：民間伝承

ギリシャ神話の下級神、自然精霊である「ニンフ（ギリシャ名ニュンペ）」は、住んでいる場所によって別々の種族名がある。ドライアド（ギリシャ名ドリュアス）は樹木に宿るニンフたちの種族名である。

ドライアドは、ギリシャ神話では美しい人間女性の姿であらわれるが、近年の創作などでは、まるで樹木と美女が融合したような姿で描かれることが少なくない。

ギリシャには、同様に樹木と関連が深い女性型の存在として、樹木の姿になった精霊「ダプネ」がいるが、彼女はもともと川のニンフ「ナーイアス」の一員だったダプネという女性が、神の力で月桂樹に変えられた存在であり、ドライアドとの直接の関係はない。

ネメアの獅子

生息地：ネメア谷（ギリシャ）／出典：ギリシャ神話

ギリシャ星座のひとつ「獅子座」の元になったモンスター。

ネメアの獅子の外見は、通常のライオンと特に変わらないが、皮膚の下に分厚い鎧のような甲羅が隠されているのが特徴だ。そのせいで、刃物で斬りつけてもまったく傷つかないという特徴を持っている。

ギリシャ神話に登場する最強の英雄ヘラクレスは、太陽神アポロンの命令で12の試練を与えられ、このライオンを狩ることになった。ヘラクレスはネメアの獅子と実際に戦ってみるが、弓矢で撃っても棍棒で叩いても攻撃がまったく通用しない。そこでヘラクレスは獅子の体に組み付き、自慢の怪力で三日三晩締め上げて殺害したという。

バーバンシー

生息地：スコットランド／出典：民間伝承

すその長い緑色のドレスを着た美女の妖精。バーバンシーの足には鹿のようなひづめがついているが、長いスカートでそれを隠している。人間の男性が、彼女たちの誘いにのってダンスに参加すると、バーバンシーはその人間に喰らいついて生き血をすするという。カラスに変身する能力も持っている。

バーバンシーの襲撃から逃れるためには、妖精が嫌う金属である「鉄」を利用するとよい。スコットランドの伝承では、複数の男性がバーバンシーに襲われたとき、馬と馬のあいだに逃げ込んだ青年だけが生き延びたという逸話がある。バーバンシーは、馬のひづめに取り付けられている「蹄鉄」を嫌って、青年に近づけなかったのだ。

バグベア
生息地：イギリス／出典：民間伝承

イギリスの伝承に登場する怪物。熊または大型獣の姿の者と、熊のように毛深く力強いゴブリンの姿をとる者の2種類がいる。

バグとは「悪い精霊」を意味するウェールズ語で、本来は邪悪な存在として恐れられていたが、バグベアはしだいに「子供のしつけ」に利用されるようになり、「いたずら好きの子供を食べるのが好き」という設定が付け加えられた。イギリスでは、このように子供をしつける口実に使うモンスターを「子供部屋のボーギー」という総称で呼んでいる。

ロールプレイングゲーム『D&D』では、ゴブリンの一種という設定を引き継ぎ、ゴブリンよりも身体能力にすぐれ、人間に敵対的な亜人種のひとつとして登場している。

パン
生息地：ギリシャ／出典：ギリシャ神話

基本的な外見は髭をはやした人間男性だが、頭から山羊の角、尻から馬の尻尾を生やし、下半身は山羊の足になっている。また、あごひげが山羊と同じく筆のような形になっているのも特徴だ。よく似た外見の「サテュロス」というモンスター種族もいる。

パンは草笛やホラ貝を愛用する音楽の神でもある。特にホラ貝には、音を聞いた者をおびえさせる効果がある。紀元前480年、マラソンの語源になったことで有名なマラトンの戦いで、ギリシャの同盟軍がペルシア人と戦ったとき、ペルシア軍はパンのホラ貝の音を聞いて、混乱して逃げ出したとされている。このことから人間が恐慌状態に陥ることを「パニック（pannnic）」と呼ぶようになった。

バンシー
生息地：アイルランド／出典：民間伝承

緑の衣の上に灰色のマントまとった女性の姿であらわれ、人間の死を予告する不吉な妖精。いつも涙を流しているため、その目は真っ赤に泣きはらされているという。ゲームや創作などでは、人間に泣き声を聞かせることで体を麻痺させたり、即死させる危険なモンスターとして描かれることが多い。

本来のバンシーは、アイルランドやスコットランドの特定の家系に取り憑き、その家に死者が出そうになると、家の外で泣いてその事実を知らせてくれるという親切な妖精である。あくまで死者が出ることを知らせる存在であり、彼女たちの泣き声を聞いたら死ぬというわけではない。また、泣くかわりに水場で衣服を洗って死を予告することもある。

バンダースナッチ

生息地：不明／出典：『鏡の国のアリス』（1871年イギリス）

　小説『不思議の国のアリス』シリーズに登場する正体不明の怪物。当初は名前だけが登場し、具体的な特徴は不明だったが、キャロルの『スナーク狩り』という詩で「動きがすばやく、長くのばせる頭部と、獲物を捕らえるアゴを持っている」ことが公開された。

　その外見は"アリス"シリーズの挿絵でも一定しない。発表から25年後に出版された1902年版の挿絵では、ライオンのような顔に山羊の角、猿のような手足を持つ生物として描かれている。シリーズに影響を受けて作られた、アンナ・リチャーズの『A New Alice in the Old Wonderland』では、人間の身長の倍以上の長さの、鳥のような四本足で体を支える生物となった。

ピュトン

生息地：デルポイ（ギリシャ）／出典：ギリシャ神話

　ギリシャの神々からのメッセージを受け取る「神託所」として知られる都市デルポイ。この都市が神託所として機能するようになったのは、ここに住むピュトンというモンスターが持っていた神託の力を、太陽神アポロンが奪い取ったからだとされている。

　ピュトンは大蛇、あるいは二本足のドラゴンのような外見のモンスターで、霊力にすぐれ、ともに大地母神ガイアを母とする異母姉妹である「正義の女神テミス」からの神託を人間にくだす仕事をしていた。

　だがアポロンがピュトンを倒して大地の裂け目に投げ込んだため、神託の力はアポロンに継承され、アポロンはデルポイに正式な神託所を築いたという。

ファハン

生息地：コンゴ民主共和国／出典：ニャンガ族伝承

　肉体のあらゆるパーツがひとつしかない異形の巨人族。この怪物は胴体から足が1本生え、腕は胸から1本だけ生えている。目はひとつで、頭のてっぺんにひと房だけ、めったなことでは曲がらない剛毛が生えている。そしてねじれた剛毛のような羽が体中を覆っている。ファハンはこの奇妙な体に、鹿の皮を巻き付けた姿であらわれるという。

　アイルランド共和国の初代大統領であるダグラス・ハイドが青年期にまとめた昔話集では、ファハンはこの太い腕で、木の棒の先端に20本の鎖がついた武器を持っている。この鎖の先端にはそれぞれ50個の金属玉がついていて、ひとつひとつに呪いが込められているという。

ベート（ジェヴォーダンの獣）

生息地：フランス／出典：18世紀フランスの各種記録

1764年、フランス南東部のジェヴォーダン地方で、3年間で100人あまりの女性や子供を食い殺した実在の獣。子牛くらいの大きさの四足動物で、全体的には狼に似ているが、手足に鋭いかぎ爪があり、大きな頭部から直立した耳が生えている。背中には黒い縞が一本伸びていて、腹部は赤褐色。尻尾は狼よりもかなり長かったという。地響きを立てて地面を走り、その速さは馬にも劣らなかった。

女子供を食い殺すベートの所行は"ジェヴォーダンの獣"という異名とともにフランス中に広まり、王家は数十名の正規兵を動員してベートを狩り出そうとしたが失敗。ベートを仕留めたのはジャン・シャステルという猟師で、聖母マリアのメダルを溶かして作った銀の弾丸でベートを射殺したという。

こうして収束した"ジェヴォーダンの獣"の事件だが、その背後には当時のヨーロッパで社会問題となっていた「宗教対立」があったのではないか、という研究者もいる。

当時のフランスでは、教会を中心に組織化された「カトリック」という教宗派と、カトリックの批判者として生まれた宗派「プロテスタント」が対立していた。ジェヴォーダン地方は「もともとカトリック派だが、プロテスタントに改宗させられ、のちにカトリックに戻る」という複雑な経緯をたどった地方なのだが、ベートの犠牲者にはプロテスタントの信者がひとりもいなかったのだ。そのため当時から、この事件はプロテスタントの仕業ではないかという噂がささやかれていた。

ヘカトンケイル

生息地：タルタロス／出典：ギリシャ神話

ギリシャ神話の地下世界、冥界タルタロスに住むモンスター。巨大な人間の体3人分が結合したような姿をしているが、胴体の数に反して、頭が50個、腕が100本もあるという異形の巨人である。3つの胴体にはそれぞれ名前がつけられていて、コットス、ブリアレオス、ギュエスと呼ばれている。

大地母神ガイアの指示で最高神ゼウスらを敵に回したヘカトンケイルだが、敗北して神々の部下となった。その後の戦いでは、100本の腕で次々と岩石を投げつけて活躍した。

その後ヘカトンケイルは冥界タルタロスにくだり、最高神ゼウスに反抗をくわだてた者を罰し、タルタロスから脱走しないよう見張る役目を与えられている。

ギリシャの巨人「ギガス」

ギリシャ神話の大地母神ガイアは、ヘカトンケイル以外にも多くの巨人を産んでいる。そのひとつが日本語で「ギガス」または「ギガース」と表記される一族だ。

彼らは両太ももから下が蛇のようになった姿の巨人で、山脈や島を身ひとつで引き裂けるほどの巨体と怪力を持っている。しかも神々は人間の力を借りなければギガスに勝てないという予言を受けていたため、神々が瀕死に追い込んだギガスに、人間の英雄ヘラクレスがとどめをさすという戦術でギガスたちとの戦争に勝利した。

ヘルハウンド
生息地：地獄／出典：ギリシャ神話、イギリスの民間伝承

地獄の番犬という意味の英語。近年のゲームなど創作作品でひんぱんに登場するモンスターだが、神話伝承にそのままこの名前のモンスターが登場するわけではなく、別のモンスターの異名であることが多い。

例えば地下の冥界ハデスの入り口を守護するギリシャ神話の三つ首の犬ケルベロス（➡ p62）、北欧神話の冥界ヘルヘイムの入り口で番犬をつとめるガルムなどが「ヘルハウンド」の元ネタである。また、イギリスの妖精犬モーザ・ドゥーグ（➡ p173）のことをこの名前で呼ぶこともある。

多くの作品で、ヘルハウンドは黒い毛並みの大柄な犬として描かれ、口から炎を吐く能力を持っている。

ボーパルバニー
生息地：不定／出典：『Wizardly』

コンピューターRPG『Wizardly』に登場するモンスター。外見は何の変哲もない白ウサギだが、恐ろしい能力を持っている。

ボーパルバニーは、登場するモンスターが強くなってくるゲームの中盤で登場する。ほかのモンスターよりも弱そうな外見にプレイヤーが油断して、攻撃するのをあと回しにしていると、一定の確率で味方を即死させる首狩り攻撃を放ってくるのだ。

この意地の悪いモンスターの出典は、イギリスのコメディグループ「モンティパイソン」主演の映画のひとつ『モンティ・パイソン・アンド・ホーリー・グレイル』に登場した、殺人ウサギ「キラー・ラビット」のパロディだという説が有力である。

ボナコン
生息地：マケドニア／出典：プリニウス『博物誌』

ギリシャの北西にあるマケドニア地方の怪物。『博物誌』ではボナススと呼ばれていたが、その後ボナコンという名前が広く知られるようになった。馬のようなたてがみが生えたオスの牛と同様の外見だが、角が羊のように丸まっているので、普通の牛のように角で戦うことができない。そのためボナコンは、身に危機が迫ると逃げ出すか、尻から糞をまき散らす。その範囲は0.75ヘクタール（サッカー場1個分）にもおよび、この糞に触れた人間は火傷を負うといわれている。

後世の伝承では、ボナコンは聖書の怪物レヴィヤタンが、タラスクスというフランスの怪物と交わって産んだモンスターだとされている。

マインド・フレイヤー

生息地：／出典：『Advanced Dungeons & Dragons』

　マインド・フレイヤーとは「精神を砕く者」という意味である。正式名はイリシッド。緑がかった藤色の肌は粘液に覆われ、毛髪の無い頭部、口から数本の触手という姿で、まるで頭にタコがついた人間に見える。

　マインド・フレイヤーの好物は知的生命体の脳みそだ。彼らは超能力のような力で他者の精神を操作できるので、これで人間の精神を破壊してあやつり人形にし、その頭部を触手でとらえて脳みそを吸い出すのだ。

　このモンスターは、『D&D』の制作者ゲイリー・ガイギャックスが、イギリスのホラー小説家ブライアン・ラムレーの作品『地を穿つ魔』や、ラヴクラフトの「クトゥルフ神話」を参考に創作したモンスターである。

マミー

生息地：エジプト／出典：エジプト神話

　古代エジプトの名物である包帯を巻きつけた死体、ミイラのこと。本来のミイラは、将来魂がよみがえるときに備えて肉体を保存しておくために作られる神聖なものだが、近代の創作ではそのような意図は無視され、ゾンビと同等の動く死体として扱われる。

　本来、ミイラとして発掘されるのは、王族などの身分が高い人物だけである。ただし創作では、王の護衛の兵士など、身分がそれほど高くない者が、マミーとして王とともに保存されていることが少なくない。こうしたマミーはたいてい生前の記憶を残しており、王の墓所への侵入者を攻撃する危険なモンスターとなる。また、王族などのマミーは、魔法で人間を攻撃してくることもある。

マンガブー

生息地：地下世界／出典：『オズと不思議な地下の国』

　ライマン・フランク・ボームのファンタジー小説『オズの魔法使い』のシリーズ第4作、『オズと不思議な地下の国』に登場する野菜人間の種族。外見は緑色の衣服を着た人間と変わりないが、この服に見える部分も体の一部であり、植物で言えば葉っぱにあたる。体の中には骨も内臓も筋肉もなく、カブやジャガイモのような中身がぎっしりと詰まっている。光合成をする植物らしく、暗闇を極端に怖がるという習性がある。性格は無感情で冷酷。

　マンガブーたちは、スキタイの羊（➡p160）と同じように、樹木の果実として生まれてくる。寿命は5年ほどと短いが、死んでも土に植え戻せば、そこから新しいマンガブーの木が生えてくるという。

ミュルメコレオ

生息地：不明／出典：『フィシオロゴス』（2〜4世紀）

　百科事典『フィシオロゴス』に紹介されたモンスター。ライオンとアリの夫婦から生まれる怪物で、頭はライオン、首から下は巨大なアリという姿をしている。

　だがミュルメコレオは食性についても両親の特徴を受け継いでおり、ライオンと同様に草を餌にできず、アリと同様に肉を餌にできない（当時はアリは草食動物だと信じられていたらしい）。そのため食べるものがないミュルメコレオは死んでしまうという。

　このミュルメコレオというモンスターの特性は、読者に宗教に関する教訓を与えるために創作されたものであるらしい。

　『フィシオロゴス』によれば、この動物が与える宗教的教訓は「信仰に二股をかけてはいけない」というものである。『フィシオロゴス』はキリスト教的価値観のもとに書かれているため、つまり筆書はこのモンスターを通じて「キリスト教の神だけをあがめて、ほかの神に浮気するな。そうしないとミュルメコレオのように滅びてしまうぞ」と主張しているわけだ。

　この怪物が生まれた原因には「聖書の誤訳から生まれた」というおもしろい説がある。イスラエルで書かれた『旧約聖書』がギリシャ語に翻訳されたとき、『ヨブ記』という文献に書かれていた「老いたるライオン、獲物なくして亡ぶ」という一節にある"ライオン"という単語が、なぜか"アリライオン"と翻訳されてしまった。この記述から生まれたのがミュルメコレオだというのだ。

ムシュフシュ

生息地：イラク／出典：シュメール神話

　世界最古の神話といわれる、中東のイラク周辺で伝えられていた「シュメール神話」に登場するモンスター。ライオンの上半身とワシの下半身、毒蛇の頭とサソリの尻尾を持つ怪物である。紀元前575年に建造されたというバビロニアの城門「イシュタル門」には、ムシュフシュのモザイク画が描かれている。

　バビロニアの創世神話『エヌマ・エリシュ』では、ムシュフシュはこの世界を創造した水の神ティアマトが、夫アプスーを殺した自分の子供たちに対抗するため、単身で産み落とした怪物のひとりである。ただしティアマトは敗北し、怪物たちは捕らえられた。その後ムシュフシュは、若き神々のリーダーであるマルドゥクの乗り物という役目を与えられた。

ムシュフシュの本来の姿

　135ページでは、大量のモンスターを生み出した「モンスターの母」について紹介した。ムシュフシュの母親である水神ティアマトは、この「モンスターの母」の元祖ともいえる存在だ。

　ただしこの親子関係は後付けされたものである。本来のムシュフシュは、現在のイラク中部にあった古代都市エシュヌンナの神に付き従う聖獣だったが、のちにマルドゥク神の聖獣として吸収された存在だ。ティアマトとムシュフシュが親子関係にある神話はそのあとに完成したと思われる。

モーザ・ドゥーグ

生息地：マン島（イギリス）／出典：民間伝承

　子牛くらいの大きさで、"錫の皿のような"と形容される無機質な瞳を持つ、黒く毛深い大型犬。イギリスとアイルランドのあいだに浮かぶ島、マン島の城「ピール城」に住み着いていたものが有名である。

　17世紀ごろ、夜になって暖炉の火が消えると、ピール城の暗い通路からモーザ・ドゥーグがあらわれ、衛兵詰め所の暖炉の前に横たわり、夜明けとともに元来た通路に帰って行くようになった。ある晩、酒に酔った兵士が犬を挑発し、例の通路にひとりで入っていくと、モーザ・ドゥーグは兵士のあとについていき、数分後に叫び声が聞こえた。やがて戻ってきた兵士は恐怖に青ざめた顔で、ひと言もしゃべらずに3日後に死亡したという。

ラスト・モンスター

生息地：ダンジョン、鉱脈／出典：『Dungeons&Dragons』

　RPG『Dungeons&Dragons』で創作されたモンスター。ラストとは「錆び」という意味である。その外見は、子牛くらいの大きさの甲虫で、胴体からは4本の足と、先端部に横向きの突起がついた尻尾が、頭部には眼球の下から長い触角が2本生えている。

　ラスト・モンスターには、金属を錆びさせて食べるというすごい特性がある。このモンスターを金属の武器で攻撃したり、金属鎧に攻撃を受けると、武具はぼろぼろに錆びつき、使えなくなってしまう。

　この怪物は金銀などの錆びにくい金属も錆びさせるため、ダンジョンの宝物庫にラスト・モンスターの進入を許すと、貴重な宝物がすべて錆びてしまう。

ラドン

生息地：ヘスペリデスの園／出典：ギリシャ神話

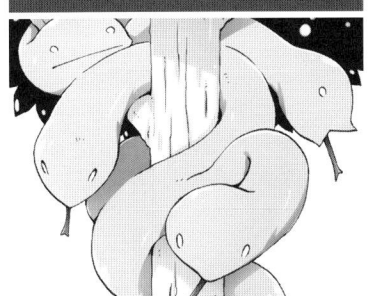

　ギリシャ神話に登場する多頭の蛇。茶色の胴体に、一説によれば100個もの頭を持つとされている。この無数の頭からは、さまざまな声、あるいはあらゆる国の言葉が発せられているのだという。また、口から炎を吐く、頭が交互に休むため決して眠らない、アゴの関節が尻尾まで伸びているため、体全体が口のようになっているという伝説もある。

　ラドンの役割は、世界の西の果て「アトラス山脈」にある「ヘスペリデスの園」という場所で、そこに実っている「黄金のリンゴ」の木を守ることだ。英雄ヘラクレスは、与えられた12の試練で「黄金のリンゴ」を奪うことを命じられ、ラドンの口の中に蜂の巣を投げ込んでこれを倒している。

ラミア

生息地：アフリカ／出典：ギリシャの伝承

　人間の子供を襲う女性型のモンスター。現代ではラミアは、下半身が蛇になっている人間の美女として描かれることが多いが、本来は「蛇と山羊と人間の混合体」だとする伝承も存在した。後者のラミアは四本足の姿で、うしろ足は山羊、前足は人間の手だった。イギリスで17世紀初頭に書かれた動物誌『四足獣誌』の挿絵にも、人間の乳房以外の全身が鱗に、人間の顔が毛に覆われた、獣のようなラミアの木版画が掲載されている。
　ギリシャ神話によれば、ラミアはもともと北アフリカのリビアの王妃だったが、ゼウスに愛されてしまったせいでその妻ヘラの怒りを買い、子供をむさぼり食う異形の怪物に変えられたとされている。

霊亀（れいき）

生息地：蓬莱山の下／出典：中国の神話

　偉大で縁起のよい4種類の獣「四霊」のひとつ。巨大な亀の姿で、背中に、「蓬莱山」という山を背負っている。蓬莱山は、厳しい修行で永遠の寿命を手に入れた「仙人」たちが住むことで知られる神聖な山である。
　別の伝承では、背中の甲羅に水脈が刻み込まれた大きな亀であり、治水の才能を持つ者が世の中に出るとあらわれ、その者の治水事業を助けるといわれている。
　ちなみに「四霊」の残りの3種類は、本小事典でも紹介した、非常に慈悲深い性格で、規則正しく動く獣「麒麟」（→p155）と、徳の高い君主の治世にあらわれるという美しい鳥「鳳凰」、そして背中に鳥のような翼が生えた龍「応龍」である。

レイス

生息地：不定／出典：民間伝承

　創作に登場するモンスター。『Dungeons & Dragons』では、長いローブを着た人間の幽霊のような姿をしている。
　レイスは触れるだけで人間から生命力を奪い取る力を持つ。しかもレイスは実体を持たないため、物理的な攻撃がまったく効かない場合が少なくない。レイスを倒すためには、魔法や、魔法で強化された武器、あるいは神の神聖なエネルギーが必要となる。
　本来、現実世界でレイスといえば、モンスターの名前ではなく、イギリス北部にあるスコットランド地方の言葉で、死んだ人間の霊体を意味する言葉だった。これは英語の「ゴースト」や、日本語の「幽霊」とほとんど同じ意味を持つ一般単語なのだ。

レーシー
生息地：ロシア／出典：民間伝承

ロシアの森の妖精。外見は人間に近いが小柄で、目と髪は緑色である。肌の色は、青白い、緑色、樹皮のようなごつごつとした肌などいくつかのパターンがある。また、森の木や木の葉に変身することもできる。

レーシーはひとつの森を支配下に置く統治者であり、樹木や動物など森に住む者すべてを支配下におさめている。ギャンブルが大好きで、しばしば自分の森に住む動物を賭けてほかの森のレーシーと勝負をする。

森に入ってきた人間に対しては、音を聞かせて道に迷わせたり、美しい娘をおびきよせて純潔を奪う。ただし気に入った人間に対しては贈り物をすることもあり、かならずしも人間に敵対的な存在ではない。

レッドキャップ
生息地：スコットランド／出典：民間伝承

イギリス北部に位置するスコットランドに出没する凶暴な妖精。背が低くたくましい老人の外見で、骨張った腕と指から鋭い爪をはやし、左手に杖を持っている。さらに赤い帽子をかぶっており、この帽子から名前を取って「レッドキャップ」と呼ばれている。

レッドキャップは放棄された城や砦などに住み暮らし、旅人を襲って殺し、その血で帽子を赤く染める。帽子の赤は、犠牲者の血液の色なのだ。このため彼は「ブラッディーキャップ」と呼ばれることもある。

帽子が赤く染まってから時間が経つと、人間の血液は凝固して茶色くなってしまうので、レッドキャップは帽子の色を赤に戻すため、新しい犠牲者を探すのである。

ワイト
生息地：不定／出典：『指輪物語』？

死体が動き出したタイプのアンデッドモンスターのなかでも特に強力なもの。多くの作品で、ワイトは「人間に触れることで生命力を吸い取る」という恐ろしい力を持っている。

もともとは中世イギリスの古い英単語で「生き物」「人間」という意味の言葉だった。しかし近代のファンタジー文化で、ワイトは上記のようなアンデッドモンスターを指す単語になった。はじめての使用例かどうかは不明だが、アンデッドとしてのワイトの先駆者は、トールキンの作品に登場したバロウ・ワイト（塚のワイト）だと思われる。これは人間の貴族を魔術によってアンデッド化させたもので、意志を持たず、術者が与えた命令に従うロボットのような存在である。

結局古文書はどこに〜っ!?

- こんだけいろいろ回っても見つからないなんて！
誰が持ってったのかなぁ、おばあちゃんの古文書。
もう海を渡って遠い国にいかないと駄目なのかな……？

- あ〜、じつはそれなんだけどさぁ……。

- 悪かったな。返すよ、これ

- え……

- はいよ

- あのさ……

- 意地悪してわりぃ、じつは最初からずーっと持ってたんだよ。
いつもひとりだったから、仲間とワイワイするのが楽しくて……言い出せなくなっちゃってさ。ごめん。

- え!? なに？
じゃあいままであっちこっち飛び回ってたのは!? 何？ なんなの〜!?

- 本を探す過程で多数のモンスターに会えたので、無駄ではなかったと判断しまス。
それよリ、古文書が無事だったことを喜びましょウ。
ようやク、3つのしもべをあつめる旅に戻れまス。

- うぅーん……（考え中）……まぁいいや、うん。
それじゃあれ、仲直りの印！
おばあちゃんの特製きび団子だよ、すっごい美味しいんだから！

え!?　え？　許してくれるのか！　ありがとな！
団子ももらうよ！　たくさん歩いて腹も減ってるし。
ん……？　おっ、これすんごく美味いじゃん。

それでね～フェンリル。お願いがあるんだけどさ～（猫なで声）。
じつはわたし、魔王と戦うために3つのしもべを集める旅に出なくちゃいけないの。
でね、フェンリル、わたしの最初のしもべになってよ！

ええ～っ、なんだそりゃ？　しもべぇ!?
本を隠してたのは悪かったけど、ほら、家をあけてけっこうたつし、そろそろ帰ってゴロゴロしたいとゆーか……。

そっかー。素直にウンと言ってくれればよかったのになぁ……。
ビーストテイマー、ペスカが命ず。
ワガメイニクダレサモナクバクダルライメイノゴトクゴロゴロピー……。

ひぐぅっ！　な、なにこれ。
急におなかがゴロゴロいい始めたぞっ!?

食べた相手をしもべにスル、ピーチ印のきびだんごでス。
しもべが逆らったら、呪文を唱えればお腹がゴロゴロのピーになるというすぐれものでス。

ふふんっ！　最初のしもべゲットだぜ～っ！
さあフェンリル、魔王退治につきあってもらうよっ！

はかったな小娘ーっ!!

　こうして無事（？）、最初のしもべ、北欧の氷狼フェンリルを手に入れたペスカたち。しかし3体のしもべをそろえる旅は、まだまだ始まったばかり。
　次なるしもべを求めて、ペスカたちは進路を海へ！　そこでどんなモンスターたちが待っているのか？　新たなしもべは見つかるの？
　その答えは次回「萌える！モンスター事典 海の巻」で！

NEXT SHIMOBE!

『萌える！モンスター事典　海の巻』へ……つづくよっ！

モンスターの棲み家探訪:「ダンジョン」

　このコラムは、モンスターそのものからは一歩離れ、モンスターが活躍する舞台について考察するページです。今回は、勇者や冒険者たちがモンスターとの戦いに挑む冒険の舞台、ダンジョンについて解説します。
　いったいなぜ、地下迷宮のことをダンジョンと呼ぶのでしょうか？

ダンジョンとは何か？

　モンスターが登場する現代のファンタジー作品において、ダンジョンとは、おもに宝物などが隠された地下迷宮のことを指します。ダンジョンには多くの場合モンスターが住み着いており、物語の主人公たちは、危険なモンスターを倒し、あるいはやり過ごして、目的の財宝を手に入れるのです。
　モンスターの側に視点を移せば、ダンジョンはさしずめアリの巣穴のように、モンスターが寝起きし、餌を手に入れる生活スペースです。ただし知的生命体に管理されたダンジョンの場合は、モンスターはダンジョンの管理者に、ダンジョンの警備役として利用されている場合もあります。

ダンジョンの原型「ラビュリントス」

　ラビュリントスとは、ギリシャ神話に登場する迷宮の名前です。日本人にとっては、英語の呼び名「ラビリンス」のほうがなじみ深いでしょう。
　ギリシャの南側の海に浮かぶ、東西に細長い島「クレタ島」の神話によれば、この島を支配するミノス王は、自分の妻が牛と交わって生んだ、牛頭人身の怪物「ミノタウロス（→p68）」を封印するため、脱出不可能な迷宮(ラビュリントス)を作らせ、その奥にミノタウロスを閉じ込めました。のちに英雄テセウスは、「ミノタウロスの餌」として放り込まれた少年少女にまぎれて迷宮に侵入し、みごとにミノタウロスを討ち取りました。この神話は、後世の英雄たちによる迷宮探索の物語の原型になったとされています。

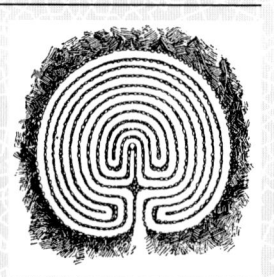

クレタ島のラビュリントスをモチーフに描かれた迷宮の模式図。ラビュリントスは枝分かれのない1本道で、最奥部にミノタウロスがいたとされています。

ダンジョン＝"支配者"の意味だった？

ここで一度迷宮から離れ、ダンジョンという単語に視点を移しましょう。

ダンジョンという英単語の語源をさかのぼると、かつてヨーロッパの共通語だったラテン語で**支配者**を意味する単語"dominus"にたどりつきます。

この単語は中世フランス語に翻訳され、城の重要区画、日本でいえば「天守閣」にあたる、**城の支配者が最後に立てこもる防御施設**の名前になりました。

この防御施設の呼び名「ドンジョン」が英語に翻訳されたものが、迷宮「ダンジョン」の原型だとされています。

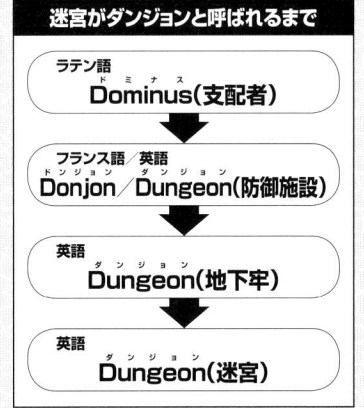

迷宮がダンジョンと呼ばれるまで

ラテン語
Dominus(支配者)
↓
フランス語／英語
Donjon／Dungeon(防御施設)
↓
英語
Dungeon(地下牢)
↓
英語
Dungeon(迷宮)

なぜ"城"が"地下迷宮(ダンジョン)"に変わったか？

ヨーロッパの城といえば、おとぎ話の大きな城を思い浮かべる人が多いでしょうが、より古い城は、町を取り囲む長い城壁と、そのなかにある、**小さな塔のような防御施設（ダンジョン）**で構成されていました。

この施設は、建物の１階に「窓」がない構造（建物の頑丈さを高める工夫）なので、中に誰かを閉じ込めるのにも最適でした。そのため古いダンジョンは、**囚人を閉じ込める場所として活用**されました。時代が進んで牢屋が城の地下に作られるようになっても、城の地下牢はこれまでの牢屋と同様に「ダンジョン」と呼ばれたのです。

フランス南西部、オルテズ城の小規模なダンジョン（防御施設）のスケッチ。窓が極端に少ない構造が見てとれる。

一方でヨーロッパの民衆は、**「城の地下には財宝が隠されている」「城の地下には恐ろしい怪物がいる」**と信じていました。このため、地下牢（ダンジョン）はモンスターと財宝の棲み家、ありかと解釈され、宝を探す冒険の舞台として空想されました。こうして堅固で小さな砦の名前は、モンスターのうごめく広大で危険な迷宮へと変わったのです。

イラストレーター紹介

わっはー！ この本のために、イラストレーターさんが41人も集まって、かわいいモンスターやかっこいいモンスターを描いてくれたんだね！ ほんとにありがとー！

藤ます
●表紙

表紙を描かせていただきました藤ますと申します！
肌色多目なユニコーンちゃんにしてみましたがいかがでしたでしょうか。
今回のシリーズ本はそれぞれの表紙をつなげて楽しめるように
なっているので、是非全巻そろえてみてくださいね！

VAGRANT
http://momoge.net/v/

湖湘七巳
●カラーカットイラスト（創作、中東）
●小事典カットイラスト

本書でモンスターイラストカットを描かせていただきました。湖湘七巳と申します。
西洋モンスターは、あまり描いた事がないジャンルでしたがRPGで慣れ親しんだ名前のモンスターも多く、緊張しつつも楽しみながら描かせていただきました。

極楽浄土彼岸へ遥こそ
http://homepage3.nifty.com/shichimi/

しかげなぎ
●マタンゴ（p29）
●小事典カットイラスト

今回はキノコさんたちを楽しく料理してみました。みんな毒持ってそうだったり、なにかしらが1UPしそうな感じもしないでもないですが……気のせいだと思います。ありがとうございました〜。

SUGAR CUBE DOLL
http://www2u.biglobe.ne.jp/~nagi-s/

やむ茶

●ドッペルゲンガー（p33）

ドッペルゲンガーを担当させていただきましたやむ茶と申します。
大好きな金髪の女の子2人を思いっきり描いてみましたがいかがでしたでしょうか。
夢の詰まった事典を彩る1ページになっていれば幸いです。

Cocololi
http://cocololi.xxxxxxxx.jp/

ジョンディー

●バルログ（p37）

今回バルログを担当させて頂きました。いつも購読していた本からのお誘いでしたので、光栄な半面、戦々恐々しながら筆をとらせて頂きました。
少しでも気に入って頂ければ幸いです。

pixiv ページ
http://www.pixiv.net/member.php?id=1686747

誉

●ローパー（p39）
●ダークエルフ（p79）

誉です。今回はローパーとダークエルフを担当させていただきました。
ローパーの触手のからみとダークエルフの褐色のお尻にこだわって描いて見ました。
気に入っていただけましたら幸いです ^_^

FOOL's ART GALLERY
http://fool.ran-maru.net/

皐月メイ

●ゴーレム（p48）
●カラーカットイラスト（博物誌、その他地域）

はじめまして皐月メイと申します。今回はゴーレムを担当させていただきました。自分のキャラクターは露出度低めなモノが多いのですが、今回はちょっと露出を高めにしてみました。ゴーレムなのになんだか防御能力低そうですね。防御の低さを利用し装甲を破壊してさらに露出度をアップだ！なんて紳士的な勇者様が天敵。

pixiv ページ
http://www.pixiv.net/member.php?id=381843

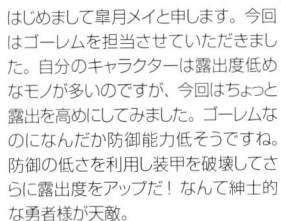

いつきあ

●サイクロプス
(p67)

今回サイクロプスを担当致しました、いつきあと申します。モンスター娘という、非常に浪漫溢れる題材で描かせて頂き、とても良い刺激を受けました。楽しかったです。

街外れの骨董店弐号店
http://itukia.sblo.jp/

月上クロニカ（つきがみクロニカ）

●ミノタウロス
(p69)

ミノタウロスを担当させていただいた月上クロニカです。ステキな本にお呼ばれして大感激でございますよー！
最初、牛娘さんなんだから鼻輪を付けよう！とかおもった事はナイショですっ >x<

CheapHeartArk
http://chepark.blog.fc2.com/

蘇芳サクラ（すおうサクラ）

●ケンタウロス
(p71)

ケンタウロスを担当いたしました蘇芳サクラです。
勇ましいけど恋も頑張る女の子のようなイメージで描きました。はにかみ顔で矢を引きハートを射抜くのです。

スオウノカクレガ
http://suounokakuregadayo.seesaa.net/

ふみひろ

●トロール（p83）

ジト目のトロールも良いよね

夜の勉強会
http://www5b.biglobe.ne.jp/~yoru/

創 -taro
（そうたろう）

●バジリスク&コカトリス（p100）

バジリスク&コカトリスを描かせていただきました！
擬人化というお話は初めてでしたので戸惑うこともありましたが、二人の関係性なども楽しみながら考えとりました。シンプル+ゴチャゴチャというのは王道ですが、やはり描いてて楽しいですね！

創 -taro's Blog
http://zikan108.blog90.fc2.com/

しのはらしのめ

●ゴブリン・コボルト・オーク（p107）
●小事典カットイラスト

はじめまして、しのはらしのめと申します。個人的にゴブリンコボルトオークといえばとてもお世話になった思い入れの深いモンスターだったのでとても楽しませて頂きました。スパッツってどうしてこんなにも…こんなにも…

しのしの
http://sinosino.cocotte.jp/

この本って、「TEAS 事務所」ってヒトたちが書いてるんだね。
お仕事は、本の執筆とか編集なんだって！
次の「モンスター」の本も、楽しみだよねっ！

公式ホームページと twitter を公開中。
http://www.otabeya.com/
http://twitter.com/studioTEAS
最新情報ノ、調査ニ入リマス。

鬼退治

nove
のーう

●ガーゴイル
(p113)

「萌える!事典シリーズ」に参加できた事をとても嬉しく思います。
ガーゴイルは要素がはっきりしているのでイメージしやすかったのですが、もう少し装飾的な画面に挑戦してみればよかったです。
ともあれ、好きなモチーフを盛り込むことが出来たので楽しく作業ができました。

pixiv ページ
http://www.pixiv.net/member.php?id=892097

長月よー
ながつき

●ワーウルフ
(p117)

ワーウルフを担当させていただきました長月です。
普段からケモ耳が大好物なのでとても楽しく描かせていただきました。

YHP
http://yoohp.web.fc2.com

吹井ひよる
ふきい

●ハッグ (p121)

初めまして、ハッグのイラストを担当させていただいた吹井ひよると申します。
(特におばーさんの面とか)描いていてとても楽しかったです、ありがとうございました!

pixiv ページ
http://www.pixiv.net/member.php?id=1713962

京極しん
きょうごく

●インプ (p123)

今回僕が担当させて頂きましたインプはわりとステレオタイプな小悪魔イメージでしたが「全身が黒い」とのことでしたので、褐色さんにさせて頂きました。
褐色肌はえっちで画面映えして大好きです。

pixiv ページ
http://www.pixiv.net/member.php?id=296169

鴨見カモミ

●キキーモラ
（p125）

こんにちは！「モンスター事典・陸編」をお手に取っていただきありがとうございます。私が担当させていただいたモンスター「キキーモラ」は、オオカミの耳・ニワトリの足・犬の尻尾など3～5種類以上の動物の外見特徴を持っています。そんなよくばりなキキーモラちゃんを描けて楽しかったです！

pixiv ページ
http://www.pixiv.net/member.php?id=711569

あみみ

●小事典カットイラスト（スキタイの羊（p160）、ドライアド（p166）など

こんにちは、あみみです。
今回はモノクロカットのみの参加です。
「かわいいデフォルメで」
って言われたけど、最終的には、
「気持ち悪さを強化してください」
とダメ出しが……。
気持ち悪い絵描くの怖いっ！

えむでん
http://mden.sakura.ne.jp/mden/

C-SHOW

●巻頭、巻末コミック
●案内キャラクター
●カラーカットイラスト（ギリシャ、北欧）

おたべや
http://www.otabeya.com/

けいじえい

●スライム（p17）
●マンティコア（p97）

pixiv ページ
http://www.pixiv.net/member.php?id=5021528

扶持田一寛

●トレント（p22）

Carry on!
http://huchida.fc2web.com/

木五倍子

●ミミック（p25）

Five Fairies of Forests
http://blog-fff.seesaa.net/

四電ヒロ(しでん)

- サンドワーム (p27)
- マンドレイク&アルラウネ (p93)

pixiv ページ
http://www.pixiv.net/member.php?id=37191

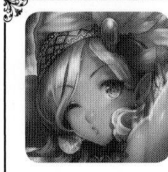

ももしき

- フランケンシュタイン・モンスター (p35)
- イフリート (p51)

madness
http://dirtygirlie.web.fc2.com/

らむ屋

- リッチ (p41)

pixiv ページ
http://www.pixiv.net/member.php?id=194372

李玖(りく)

- グール (p45)

罠
http://wana.blog.shinobi.jp/

萌える！モンスター事典 陸の巻 staff

著者	TEAS事務所
監修	寺田とものり
テキスト	岩田和義(TEAS事務所)
	林マッカーサーズ(TEAS事務所)
	朱鷺田祐介(スザク・ゲームズ)
	桂令夫
	牧山昌弘
	内田保孝(スタジオMMK)
	中本匡洋
	村岡修子
	鷹海和秀
本文デザイン	神田美智子
カバーデザイン	筑城理江子

> この「萌える！モンスター事典 陸の巻」を作った、スタッフの名前を紹介するぜ！

ぱるたる

- フンババ (p57)
- アルミラージ (p59)

R-pll
http://rpll.ninja-web.net/

ななしな

- アポカリプス・ビースト (p59)

NN.works Ver.7747
http://qgp7747.blog25.fc2.com/

コンすけ

- ケルベロス (p63)

pixiv ページ
http://pixiv.me/kitunenokonsuke

竜太 (りゅうた)

- キマイラ (p65)

Hidden sideway
http://msxtr.sakura.ne.jp/

原之 (はらの)

- アラクネ (p73)
- ユニコーン (p90)

Cheat
http://jp.flavors.me/harano

NPA

- スパルトイ (p75)

pixiv ページ
http://www.pixiv.net/member.php?id=8766

久彦 (ひさひこ)

- フェンリル (p85)

ヴァルシオーネα
http://www5c.biglobe.ne.jp/valalpa/

々全 (ノマヘェ)

- ジャイアントセンチピード (p103)

々の間
http://nomahee.blog.fc2.com/

河内やまと
●オーガ (p111)

んこみみ
http://pub.ne.jp/kawachiyamato/

六角連火
●ドラゴン (p115)

ヘキサイト
http://hexsite.sakura.ne.jp/

とらこ
●パラケルススの四大精霊 (p127)

とらひつじ
http://torahituzi.web.fc2.com/

藤井英俊
●モノクロカットイラスト

Vector scan
http://vectorscan.exblog.jp/

寺田とものり
●小事典カットイラスト（アメミト(p150)、ウロボロス(p174)など）

おたべや
http://www.otabeya.com/

うそねこ
●小事典カットイラスト（エキドナ(p152)、霊亀(p174)など）

コゲもフ　～もフりもフられ～
http://www1.odn.ne.jp/usoneko/

「海の巻」でも
よろしくね〜っ!!

主要参考資料

『A handbook of Irish folklore』Sean O Suilleabhain　著（Singing Tree Press）
『Encyclopaedia of Islam Vol.I-IV』(E.J.Brill Press)
『アラビアン・ナイトの世界』前島信次　著（平凡社）
『アラブの民話』イネア・ブシュナク　著／久保儀明　訳（青土社）
『暗黒神話大系クトゥルー』（青心社）
『ヴィジュアル版世界幻想動物百科』トニー・アラン　著／上原ゆうこ　訳（原書房）
『怪物の事典』ジェフ・ロヴィン　著／飴田文　訳（青土社）
『影が行く―ホラーSF傑作選』ジョン・W・キャンベル　他著（創元SF文庫）
『カルト映画館・ホラー』永田よしのり　編（教養文庫）
『ギルガメシュ叙事詩』月本昭男　訳（岩波書店）
『ギルガメシュの探求』R.S.クルーガー　著／氏原寛　監訳（人文書院）
『クトゥルフ・ハンドブック』山本弘　著（ホビージャパン）
『幻獣辞典』ホルヘ・ルイス・ボルヘス、マルガリータ・ゲレロ　著／柳瀬尚紀　訳（晶文社）
『犬人怪物の神話　西欧、インド、中国文化圏におけるドッグ万伝承』デイヴィッド・ゴードン・ホワイト　著／金利光　訳（工作舎）
『コーラン　上中下』井筒俊彦　訳（岩波文庫）
『ゴーレムの肖像　ユダヤ文学・アニメ・映像』大場昌子、佐川和茂、坂野明子、伊達雅彦　編著（南雲堂）
『古代エジプト神々大百科』リチャード・H・ウィルキンソン　著／内田杉彦　訳（東洋書林）
『古代オリエント事典』日本オリエント学会　編（岩波書店）
『古代メソポタミアの神々　世界最古の「王と神の饗宴」』三笠宮崇仁　監修／岡田明子、小林登志子　著（集英社）
『シリーズ　もっと知りたい名作の世界(9)　指輪物語』成瀬俊一　編著（ミネルヴァ書房）
『新訂版コナン全集』ロバート・E・ハワード　著／宇野利泰、中村融　訳（創元推理文庫）
『新版　シルマリルの物語』J.R.R.トールキン　著／田中明子　訳（評論社）
『図説アラビアンナイト』西尾哲夫　著（河出書房新社）
『図説エジプトの神々事典』S・ロッシーニ、R・シュマン＝アンテルム　著／矢島文夫、吉田春美　訳（河出書房新社）
『図説世界未確認生物事典』笹間良彦　著（柏書房）
『図説　トールキンの指輪物語世界　神話からファンタジーへ』デイヴィッド・デイ　著／井辻朱美　訳（原書房）
『図説ファンタジー百科事典』デイヴィッド・プリングル　著／井辻朱美　訳（東洋書林）
『図説妖精百科事典』アンナ・フランクリン　著／井辻朱美　監訳（東洋書林）
『図説ヨーロッパ怪物文化史事典』蔵持不三也　監修／松平俊久　著（原書房）
『スラヴ吸血鬼伝説考』栗原成郎　著（河出書房新社）
『聖なる幻獣』立川武蔵　著／大村次郷　写真（集英社新書）
『世界神話伝説体系5　バビロニア・アッシリア・パレスチナの神話伝説』（名著普及会）
『世界の怪物神獣事典』キャロル・ローズ　著／松村一男　監訳（原書房）
『世界の怪物・魔物文化図鑑』クリストファー・デル　著／蔵持不三也、松平俊久　訳（柊風舎）
『世界の神話伝説図鑑』フィリップ・ウィルキンソン　編／井辻朱美　日本語版監修／大山晶　訳（原書房）
『世界の歴史8　イスラム世界』前嶋信次（河出文庫）
『世界民族博物誌』月刊みんぱく編集部　編／田主誠　版画（八坂書房）
『ゾティーク幻妖怪異譚』クラーク・アシュトン・スミス　著／大瀧啓裕　訳（創元推理文庫）
『大英博物館版　図説古代オリエント事典』ピョートル・ビエンコウスキ、アラン・ミラード　編／池田潤、山田恵子、山田雅道、池田裕、山田重郎　訳（東洋書林）
『探求するファンタジー　神話からメアリー・ポピンズまで』成蹊大学人文叢書（風間書房）
『筑摩世界文学大系　古代オリエント集』杉勇　代表訳（筑摩書房）
『知の探求シリーズ　世界の神話がわかる』（日本文芸社）
『中国神話伝説大事典』袁珂　著／鈴木博　訳（大修館書店）
『中国の神話伝説』伊藤清司　著（東方書店）
『中国妖怪人物事典』実吉達郎　著（講談社）
『デューン　砂の惑星』フランク・ハーバード　著／矢野徹　訳（ハヤカワSF文庫）
『トールキン神話の世界』赤井敏夫　著（人文書院）
『トールキンハンドブック』コリン・ドゥーリエ　著／田口孝夫　訳（東洋書林）
『トールキン指輪物語辞典』デビッド・デイ、仁保真佐子訳、原書房2000年）
『トリフィド時代―食人植物の恐怖』（ジョン・ウィンダム、井上勇訳、創元SF文庫1963年）
『二重人格』（ドストエフスキー、小沼文彦翻訳、岩波文庫1986年）
『ファンタジーの冒険』小谷真理　著（ちくま新書）
『ファンタジーの歴史　空想の世界』リン・カーター　著／中村融　訳（東京創元社）
『プリニウスの博物誌』大プリニウス　著／中野貞夫、中野美代、中野智之　訳（雄山閣）
『ホビットの冒険』J.R.R.トールキン　著／瀬田貞二　訳（岩波少年文庫）
『魔法と錬金術の百科事典』ロウズマリー・エレン・グィリー　著／目良公和　訳（柊風舎）
『ミドルアース・ハンドブック』（佐藤康弘、ホビージャパンゲームハンドブック1990年）
『メソポタミアの神々と空想動物』アンソニー・グリーン　監修（山川出版社）
『モンスターの歴史』ステファヌ・オードギー　著／池上俊一　監修／遠藤ゆかり　訳（創元社）
『ユダヤの民話　下』ピンハス・サデー　著／秦剛平　訳（青土社）
『指輪物語』J.R.R.トールキン　著／瀬田貞二、田中明子　訳（評論社）
『妖精学大全』井村君江　著（東京書籍）
『妖精事典』キャサリン・ブリッグス　著／平野敬一　井村君江　三宅忠明　吉田新一　共訳（富山房）
『夜の声』ウィリアム・ホープ・ホジスン　著／井辻朱美　訳（創元推理文庫）
『ラブクラフト全集』（創元推理文庫）
『ロード・オブ・ザ・リング「指輪物語」完全読本』リン・カーター　著／荒俣宏　訳（角川書店）

●映像
『マックイーンの絶対の危機（巨大アメーバの恐怖）』(1958年)
『マタンゴ』(1963年)
『スターウォーズ　エピソードⅥ　ジェダイの帰還』(1983年)
『ブロブ/宇宙からの不明物体』(1988年)
『ロード・オブ・ザ・リング』シリーズ(2001～2003年)
『ホビット　思いがけない冒険』(2012年)

●アナログゲーム
『Dungeons & Dragons』各ルールブック（ホビージャパン）
『クトゥルフ神話TRPG』（エンターブレイン）

モンスター索引

項目名	分類	ページ数
『A New Alice in the Old Wonderland』	近現代の創作作品	168
『Dungeons & Dragons』(ダンジョンズ&ドラゴンズ)	近現代の創作作品	16,18,19,20,21,24,28, 30,32,38,40,52,56,78, 80,82,114,120,130,142, 143,159,164,167,171, 173,174
『D&D』	近現代の創作作品	『Dungeons & Dragons』を参照
『Three Hearts and Three Lions』	近現代の創作作品	82
アールヴ	神々・その他超越存在	80,81
アィー	モンスター	148
アイネイアス	物語の人物	62
アクリス	モンスター	148
アケローン	モンスター	149
『アシュモル動物寓話集』	博物事典	139
アスプ	モンスター	149
アテナ	神々・その他超越存在	64,72,74
アニメーテッド・オブジェクト	モンスター	149
ア・バオ・ア・クゥー	モンスター	150
アビス	モンスター	150
アプス	神々・その他超越存在	172
アポカリプス・ビースト	モンスター	58
アポロン	神々・その他超越存在	166,168
アメミト	モンスター	150
アラクネ	モンスター	72
アルゲス	モンスター	66
アルゴス	モンスター	151
『アルゴ探検隊の大冒険』	近現代の創作作品	74
アルミラージ	モンスター	56
アルラウネ	モンスター	92,94
アングルボザ	神々・その他超越存在	84,135
アンデッド	用語	40,42,44,145,175
アンフィスバエナ	モンスター	151
イアソン	物語の人物	74
イクシオン	物語の人物	70
イシュタル(イナンナ)	神々・その他超越存在	60,156
イフリート	モンスター	50,52
『インド誌』	その他書籍	88,96
インプ	モンスター	122
ヴァンパイア	モンスター	84
『Wizardly』	近現代の創作作品	143,149,170
ウォーグ	モンスター	152
『ヴォルスンガ・サガ』	神話・伝承・物語	114
『宇宙船ビーグル号の冒険』	近現代の創作作品	155
ウラノス	神々・その他超越存在	66,163
『Ultima』	近現代の創作作品	143
ウロボロス	モンスター	152
ウンディーネ	モンスター	126,128
エウリアレ	モンスター	158
エキドナ	モンスター	62,135,151,152,161
エティン	モンスター	153
『エヌマ・エリシュ』	神話・伝承・物語	172
エルフ	神々・その他超越存在	78,80,81,106,108,141
エロス	神々・その他超越存在	62
エンキドゥ	物語の人物	54,156
オイディプス	物語の人物	161
オーガ	モンスター	16
オーカー・ゼリー	モンスター	16
オーク	モンスター	21,36,80,106,108,152
オーディン	神々・その他超越存在	84,86
『オズの魔法使い』	近現代の創作作品	171
『オデュッセイア』	神話・伝承・物語	66,94
オルトロス	モンスター	62,152,161
ガーゴイル	モンスター	153
カーバンクル	モンスター	153
ガイア	神々・その他超越存在	66,135,163,165,168, 169
『怪物と驚異』	その他書籍	163
『鏡の国のアリス』	近現代の創作作品	159,168
火鼠(かそ)	モンスター	153
花魄(かはく)	モンスター	154
ガルム	モンスター	86,170
『カンタベリー物語』	神話・伝承・物語	98,99

項目名	分類	ページ数
ギガス	モンスター	169
キキーモラ	モンスター	124
キマイラ	モンスター	64,152
窮奇(きゅうき)	モンスター	154
ギュスターヴ(超巨大ワニ)	その他モンスター	53
『狂気の山脈にて』	近現代の創作作品	18
『巨大アメーバの恐怖』	近現代の創作作品	18
キム	モンスター	154
ギリメーカラ	モンスター	155
麒麟(きりん)	モンスター	155,174
ギルガメシュ	物語の人物	54,156
『ギルガメシュ叙事詩』	神話・伝承・物語	54,60,156
ァール	モンスター	155
グール	モンスター	44
クジャタ	モンスター	156
グダナ	モンスター	54,156
クトゥルフ神話	近現代の創作作品	18,30,171
グライアイ	モンスター	156
クリーピング・コイン	モンスター	149
グレイヴーズ	モンスター	16
グレイマルキン	モンスター	157
クロノス	神々・その他超越存在	70,163
ゲイリー・ガイギャックス	人物	142,171
ケイローン	モンスター	70
ケットシー	モンスター	157
ケラッハ・ヴェール	モンスター	120
ケルベロス	モンスター	62,135,152,170
『幻獣辞典』	その他書籍	54,150
ケンタウロス	モンスター	70,81
『降霊術師の帝国』	近現代の創作作品	40
ゴーレム	モンスター	46,47,76
コカトリス	モンスター	98,99
牛頭(ごず)	モンスター	157
ゴブリン	モンスター	19,78,81,106,108,152, 167
コボルト	モンスター	19,81,106,108
ゴルゴン	モンスター	99,156,158
コロコッタ	モンスター	158
渾沌(こんとん)	モンスター	158
サーラック	モンスター	26
サイクロプス	モンスター	66
サテュロス	モンスター	167
さまようよろい	モンスター	149
サラマンダー	モンスター	126,128
ザントマン	モンスター	159
サンドワーム(砂虫)	モンスター	26
シェイクスピア	人物	157
『四足獣誌』	博物事典	96,174
ジャイアント・センチピード	モンスター	102
『ジャックと豆の木』	神話・伝承・物語	110
ジャバウォック	モンスター	159
シャルル・ペロー	人物	110
シャンブリング・マウンド	モンスター	21
シュリーカー	モンスター	28,30
猩々(しょうじょう)	モンスター	159
燭陰(しょくいん)	モンスター	160
ショゴス	モンスター	18,38
シルフ	モンスター	126,128
『シルマリルの物語』	近現代の創作作品	126,128
ジン	モンスター	50,52
『神統記』	神話・伝承・物語	66
スヴァルトアールヴ	神々・その他超越存在	80
スキタイの羊	モンスター	160,171
ステロペス	モンスター	66
ステンノ	モンスター	158
スパルトイ	モンスター	74
スフィンクス	モンスター	152,161
スプリガン	モンスター	161
スマウグ	モンスター	114
スライム	モンスター	16,18,19,144
スラード	モンスター	162
スレイプニル	モンスター	86
ゼウス	神々・その他超越存在	66,70,76,163,164,165, 169,174
ゼラチナス・キューブ	モンスター	16

190

『山海経』	博物事典	154,159,160
ゾンビ	モンスター	42,44,162,171
ダークエルフ	モンスター	78,80
太歳（たいさい）	モンスター	162
タイタン	モンスター	163
タッツェルヴルム	モンスター	163
タナカ	モンスター	163
ダブネ	神仏・その他超常存在	166
タラスクス	モンスター	170
ダルヴ・ダオル	モンスター	164
タロス	モンスター	76
『地球の長い午後』	近現代の創作作品	30
『地を穿つ魔』	近現代の創作作品	171
ティアマト	神仏・その他超常存在	60,172
ティール	神仏・その他超常存在	84
ディスプレイサー・ビースト	モンスター	164
テウメッソスの狐	モンスター	164
テミス	神仏・その他超常存在	168
『デューン』	近現代の創作作品	?
テュポン	モンスター	62,135,161,165
デュラハン	モンスター	165
『テンペスト』	神話・伝承・物語	157
ドヴェルグ	神仏・その他超常存在	80,81
饕餮（とうてつ）	モンスター	165
『東洋旅行記』	その他書籍	160
トールキン（J.R.R.トールキン）	人物	20,21,31,36,40,80,81, 82,108,114,118,140, 141,142,152,175
ドッペルゲンガー	モンスター	32
ドライアド	モンスター	20,166
『ドラキュラ』	近現代の創作作品	151
ドラゴン	モンスター	58,74,86,99,114,151 159,163,168
『ドラゴンクエスト』	近現代の創作作品	16,18,56,143,144
竜牙兵（ドラゴントゥースウォーリアー）	モンスター	74
トリフィド	モンスター	95
『トリフィドの日』	近現代の創作作品	95
『ドルアーガの塔』	近現代の創作作品	18,38
トレント	モンスター	20,21
トロール	モンスター	82
ドワーフ	神仏・その他超常存在	80,81,106,141
ニーズヘッグ	モンスター	86
ニンフ	神仏・その他超常存在	20,70,126,166
ヌヌザ	神仏・その他超常存在	164
ネクロマンサー	用語	40
ネメアの獅子	モンスター	166
ノーム	モンスター	126
バーバンシー	モンスター	166
『博物誌』	博物事典	66,88,92,96,98,99,102, 128,136,137,139,149, 151,160,170
バグベア	モンスター	167
バジリスク	モンスター	98,99
ハッグ	モンスター	120
『発蒙記』	博物事典	153
バトルブライアー	モンスター	21
パラケルスス	人物	126,128
バルログ	モンスター	36
パン	モンスター	167
バンシー	モンスター	165,166,167
『蛮人コナン』	近現代の創作作品	40
バンダースナッチ	モンスター	168
人食いアニス	モンスター	167
ヒュドラ	モンスター	70,74,82,152
ピュトン	モンスター	168
ファハン	モンスター	168
ファフニール	モンスター	86,114
ファンガス	モンスター	28
『フィシオロゴス』	博物事典	89,99,137,139,172
フェンリル	モンスター	84,135,152
『不思議の国のアリス』	近現代の創作作品	159,168
ブタハ	神仏・その他超常存在	150
ブラック・プディング	モンスター	16
『フランケンシュタイン』	近現代の創作作品	34
フランケンシュタイン・モンスター	モンスター	34

プリニウス	人物	66,88,92,98,99,102, 128,136,137,149,151, 158,170
フレースヴェルグ	モンスター	86
ブロブ	モンスター	18
ブロンテス	モンスター	66
『分身』	近現代の創作作品	32
フンババ	モンスター	54,60
『ベーオウルフ』	神話・伝承・物語	31,114
ベート	モンスター	169
ペガサス	モンスター	64
ヘカトンケイル	モンスター	169
ヘラ	神仏・その他超常存在	70,151,161,174
ヘラクレス	物語の人物	62,70,74,82,152,166, 169,173
ペルセウス	神仏・その他超常存在	156,158
ヘルハウンド	モンスター	170
ヘルメス	神仏・その他超常存在	151
ペレロポン	物語の人物	64
ボーパルバニー	モンスター	170
ボナコン	モンスター	170
ホビット	神仏・その他超常存在	81
『ホビットの冒険』	近現代の創作作品	31,40,82,106,108,114, 141
ホムンクルス	モンスター	47,126
ボルヘス（ホルヘ・ルイス・ボルヘス）	人物	54,150
マイコニド	モンスター	28,30
マインド・フレイヤー	モンスター	171
マタンゴ	モンスター	28,30
『マタンゴ』	近現代の創作作品	28
マミー	モンスター	171
マルドゥク	神仏・その他超常存在	60,172
マンガー	モンスター	171
マンティコア	モンスター	96
マンドレイク	モンスター	99,94
ミ＝ゴ	モンスター	30
ミノタウロス	モンスター	68,178
ミミック	モンスター	24
ミュルメコレオ	モンスター	172
ムシュフシュ	モンスター	60,172
『無人の家で発見された手記』	近現代の創作作品	38
馬頭（めず）	モンスター	157
メドゥーサ	モンスター	156,158
モーザ・ドゥーグ	モンスター	170,173
モーラ	モンスター	124
ユニコーン	モンスター	88,89,139
『指輪物語』	近現代の創作作品	20,21,31,36,80,82,114, 118,140,141,152,175
『ヨハネの黙示録』	神話・伝承・物語	58
『夜の声』	近現代の創作作品	28
ヨルムンガンド	モンスター	84,86
ラヴクラフト（H.P.ラヴクラフト）	人物	18,30,171
ラスト・モンスター	モンスター	173
ラタトスク	神仏・その他超常存在	86
ラドン	モンスター	173
ラビュリントス	用語	178
ラフレシア	その他モンスター	104
ラミア	モンスター	174
リッチ	モンスター	40,42
リュスアールヴ	神仏・その他超常存在	80
霊亀（れいき）	モンスター	?
レイス	モンスター	42,174
レヴィヤタン	モンスター	170
レッドキャップ	モンスター	175
『ロードス島戦記』	近現代の創作作品	80
ローパー	モンスター	38
ロキ	神仏・その他超常存在	84,162
『倫敦の人狼』	近現代の創作作品	116
ワーウルフ	モンスター	116,118
ワークリーチャー	用語	118
ワイト	モンスター	175

191